U0111559

大展好書　好書大展
品嘗好書　冠群可期

大展好書　好書大展
品嘗好書・冠群可期

武學釋典 41

三豐宗岳　千古流芳

太極拳研究之匡正源流〈中〉

李萬斌、羅名花｜著

大展出版社有限公司

作者簡介

李萬斌簡介

李萬斌 男 1959 年 1 月生，陝西永壽人，武術家、太極拳研究專家。1981 年畢業於西安體育學院運動系武術專業班，國家武術套路、散打一級裁判，武術六段。

師從著名武術家王繼武、馬賢達、劉會峙先生，長期從事體育教學和武術科研工作，高級教師，曾被評為長安大學雙十佳體育工作者。

1989 年以來，先後在《中華武術》、《武當》、《武術健身》、《武林》、《精武》、《搏擊》、《中國太極拳》、《武魂》、《少林與太極》、《太極》等雜誌發表論文 50 多篇，其《武術概念之研究》、《陳氏「新架」與「趙堡架」太極拳源流研究》、《太極拳史研究的最新突破——明代山西王宗岳家族譜系被發現》都是很有影響的論文。著作有《太極拳技擊實踐》、《武當張三豐承架太極拳》、《太極拳技擊研究》、《武當趙堡太極拳技擊秘訣》、《武當趙堡承架太極拳闡秘》、《太極拳研究之匡正源流》及與他人合著《武術》、《太極拳源流與發展研究》、陝西省高級中學課本《體育》、《體育與健康》多部。2013 年 8 月 29 日被中國（武漢）刊博會評聘為「中華武當內家拳史論專家」。

三豐宗岳 千古流芳 ｜太極拳研究之匡正源流〈中〉

羅名花簡介

羅名花 女 1960 年 9 月生，河南滑縣人。武術家、太極拳研究專家。師從著名武術家張桐和馬賢達先生。

現任長安大學體育部副教授，陝西省及西安市武術協會委員、國家武術一級裁判，六段。多次榮獲長安大學教學優秀獎，多次被評為優秀教師，曾任西安神州武術院常務副院長，2006 年 5 月被世界武林聯盟授予教授團教授稱號。其事蹟被收錄於《中國當代武林人物誌》一書。曾長期擔任長安大學武術俱樂部主任、被陝西省及河南省多家武術名校聘為客座教練。

1967 年入西安市體育場武術隊開始訓練，1968 年正式拜著名武術家張桐為師，從事系統的專業武術學習，先後獲得 1974-1976 年西安市武術比賽全能冠軍，1974-1978 年陝西省武術比賽全能亞軍、季軍及單項冠軍。1978 年 2 月考入西安體育學院運動系武術班，1981 年 12 月以優秀的成績畢業，獲體育教學學士學位。

曾先後發表論文 30 多篇，著作 7 部，著有專著《太極拳技擊實踐》、《武當趙堡承架太極拳闡秘》、《太極拳研究之匡正源流》。主編出版長安大學《武術》精品課程及教材一部。其「探究特徵 定義武術」一文，在 2005 年 5 月榮獲北京大學首屆「中華武術國際論壇優秀論文

獎」。她的武術課，被評為校級精品課程。

　　2010 年 11 月，被教育部直屬綜合大學體育協會授予「高等學校體育教育工作突出貢獻獎」。

目　錄〈中〉

卷七———

山西王宗岳太極拳的挖掘與整理

太極拳史研究的最新突破

——明代山西王宗岳家族譜系被發現

在當今的武術界，尤其是在熱衷於習練太極拳的朋友中，提起王宗岳這個名字，幾乎是盡人皆知，對太極拳稍有研究的人，可以說更是耳熟能詳了。

太極拳是中華民族的優秀傳統文化、是瑰寶，有著極其悠久的發展歷史。王宗岳《太極拳論》被認為是太極拳界史無前例的、舉世公認的最有價值的太極拳經典理論著作，被後世太極拳家們奉為經典指南。

王宗岳是太極拳古譜的作者，是各派太極宗師奉為經典的拳理奠基人。他是一位在太極拳傳承史上作出重大貢獻（為後人發展太極拳的理論指明了方向，深得後人的推崇）的人物，是有卓著貢獻的太極拳先驅，被尊之為宗師、武聖。

就是這麼一位十分重要的、承先啟後的關鍵人物，雖然有關他的籍貫、身世、年代和傳拳之說，各派太極拳歷代傳人均有記載。但史料卻極少，而且看法不一。儘管公認他為山西人，人稱華北大俠。

但具體地點卻說不清楚，在縣名上就有陽城、晉陽、太谷、平遙、絳州之出入，其鄉村又有七里堡（崗）、小王莊等不同。生活年代更有清代和明代之說，而且各有其理。甚至出現了不同目的的攪渾水，說王宗岳只是個符

號，實無其人等等，真成了武術史上的一個謎。如能把他的基本情況弄清楚，太極拳史上許多糾纏不清的問題，即可迎刃而解。

可喜可賀的是日前從山西新絳縣傳來了好消息，8 月18 日有關方面在新絳縣召開了「王宗岳太極拳研討會」，會上該縣的劉嘩挺先生介紹並講述了經過自己數年潛心研究，論證太極宗師王宗岳的活動時間、地點以及諸多的相關證據，王宗岳的故居、舊址、傳說等較為豐富、翔實，具有說服力。還具體地、明確地論述了王宗岳就是新絳縣明朝嘉靖年間思賢里王莊人的事實。

這次研討會，縣委、縣政府都非常重視，特派文體局的代表參加這次論證，同時代表政府發了言，表示「考評王宗岳的意義重大，它不僅是文化領域的考證，也是學術領域的討論；它不僅是太極拳領域的大事，也是文化領域的一件大事。我們一定會尊重事實、尊重歷史，給社會交出一份滿意的答卷」。會議開得很好，研討、論證都很熱烈，很成功。

王宗岳，字林楨，明嘉靖四年（1525 年）出生於山西絳州府（今新絳縣西北五里思賢里）王莊村，卒年是萬曆三十四年（公元 1606 年）。

王宗岳十歲左右曾是絳州州學的生員，在州學期間，除學文化課外，還兼學到拳械功夫。由於品學兼優，所以後留州學書院任教。當地的會仙樓「仙樓疊翠」聞名遐爾，這裡是官道經過絳州北上的必由之路，也是人文薈萃的地方。嘉靖三十六年（即 1547 年），雲遊道人自陝道來到絳州，即下榻在會仙樓附近。機緣使他和老道漸漸熟

識，原來，這位雲遊道人自稱劉古泉，是張三豐的弟子（注：後經王宗岳引薦，道人在三官廟落足「佈道」），經過長期的接觸和觀察，道人發現王宗岳知書達理，待人恭敬謙遜，做事踏實，能持志以恆，故打開山門，收納了這個俗家弟子，始將張三豐祖師傳授的太極拳藝悉數傳授於王宗岳。

王宗岳的父親王祖通一生經商，長兄王宗行，堂兄王之屏（約1520～？。1541年歲貢），堂弟王之翰（約1548～？。1573年舉人，為官棗陽，蒙冤屈死，後皇上平反，賜尚寶司少卿，封妻蔭子）；王宗岳撫養孤侄王臣直（1570～1635），並過繼為兒，王宗岳女兒王薇（即韓王氏，約1555～1630）嫁給大家世族韓氏，韓雲（1587～1661）、韓霖（1596～1649）和韓霞，都是王宗岳的外孫，大外孫韓雲在拳藝上既得到了母親的傳授，又受到了外爺王宗岳的親自指導，韓霖，武功高超，出神入化，遠近聞名。後來韓霖將此「道士太極拳」傳給了友人傅山，傅山太極拳法至今仍有流傳（見《傅山拳法─傅拳圖》），眾所周知的綿山太極拳（也稱子午太極拳），即與此有很大的關係。

其次是王宗岳的孫子輩，有：王接武（1594～？。1618年舉人）、王五興（臣直子，1601～1676，字大五或大武。1630年舉人）；重孫輩有：王士俊（1615～1691，1637年歲貢）、王谷維（約1636～？）。

從玄孫向下依次是：王豐慶（約1676～？）→王登科（約1716～1790）→王學恭（1761～1841）→王進才（1809～1892）→王子平（天福1858～1946）→王乃儉

（1896～1975）→王正順（1920～1943）→王武辰（1939年出生。居槐樹店，是王氏現存後人）。

王家「道士太極拳」從王學恭開始傳外姓，王學恭→劉更子（約 1800—1875）→南福勝（1844～1921）→李連成（1888～1933）、王懷明（1892～1982）→葛書元（1893～1968）、葛福元（1897～1972）→孫蘭亭（1902～1973）→趙虎林、王才德→劉曄挺。

劉曄挺先生曾多次訪問王武辰先生，得到的回答基本一致，他講：我叫王武辰，生於 1939 年，今年 72 歲，家住新絳縣西關村槐樹店……「道士太極拳」一直在王家代代相傳。清道光年間，絳州劉村人劉更子隨我遠祖王學恭學太極拳，傳徒南里村南福勝，徒孫李連成、王懷明，都是出類拔萃的人物。四傳葛書元到孫蘭亭，也是享譽「武林」的一代大家……。

明末清初的王韓兩家，淵源很深，相輔相成，根深柢固，活躍絳州達百年……。韓雲拳術水準很高，曾得他外祖父王宗岳的指點……。我爺爺奶奶也常講先祖創業、行醫之事，曾講王家先人的正骨學自道人，「道士拳」自他手裡失傳……。王祖通是經商的；王宗岳學得「道士拳」，開創了家業……王臣直、王武興文武雙全，辦學校，很著名……。王宗岳生活在明朝後期，家廟應是他的後代建的。

解放後歷史變遷，家廟由釘馬掌的占用，後又由喬家居住。「文革」期間破四舊，許多家庭都銷毀了所供神位，我家神位也毀於那個時期。所幸記下先人的名字：王祖通──王宗岳──王臣直──王五興──王谷維──

王豐慶──王登科──王學恭，後是王進才、王子平（未進入家廟）、王正順、王武辰。

那麼，介紹到這裡，人們不禁要問，以上的說法有沒有史證的記載，和相關資料的支持呢？回答是肯定的。

首先，《清史稿》的記載，有力地證明了王宗岳是明朝人：

現已查明《清史稿卷五百五·例傳二百九十二·藝術四》載明：「內家者起於宋武當道士張三豐，其法以靜制動，應手即仆。與少林之主於搏人者異。故別少林為外家。其後流傳於秦晉間。王宗岳最著……清中葉河北有太極拳，云其法出於山西王宗岳，其法式論解與百家之言相出入。至清末傳習頗眾云。」這是正史最早出現「太極拳」一詞的記載，也是王宗岳被收入正史的記載，明白記述太極拳法出於山西王宗岳。

清史記王宗岳是明朝人，如從明中葉算起至清中葉大約 200 多年的歷史。因年代久遠，又無史料證實，中間的傳承關係實難考證。但有一點與清史記載完全相符，清中葉嘉慶至道光年間卻有河北永年人楊祿禪與同鄉李伯魁曾拜河南溫縣陳家溝人陳長興為師，學習蔣發所傳的太極拳。楊祿禪跟隨陳長興十有餘年，在山東、河北，一邊走鏢，一邊學拳，終於學業大成，陳長興並授與弟子楊祿禪《王宗岳太極拳之秘訣》。當時的陳家溝，除陳長興會太極拳外，其他村民所練的全是炮捶，所以被人們稱之為炮捶陳家。

其次，有眾多的資料和研究成果，都支持明代山西新絳人王宗岳之說：

1、張希貴著《山西名人名拳錄》1995 年 12 月山西高校出版社出版，第二頁有：「王宗岳，男，山西新絳人，武術理論家」。

2、趙增福著《中國八卦太極拳》2001 年 4 月世界圖書出版社。第 17 頁有：「太極拳的先驅者王宗岳」。第 22 頁有：「而王宗岳則是絳州人（今新絳縣，山西汾城縣之南）」。

3、《中華武術》雜誌副主編周荔裳所著《趙堡太極拳考源》2005 年 8 月，人民體育出版社。載有：「王宗岳是絳州人，今新降縣在山西汾城縣之南」。

4、《傅山拳法──子午太極拳》一書中記載山西省體委於八十年代的調查與考證：傅青主（傅山）係道家龍門第六代「真」字輩，而王宗岳曾受教於龍門第九代孟太真，此說為有關王宗岳的研究提供了新的線索。傅山拳架傳人李思元前輩（已故）演練的傅山拳架（錄影），動勢波詭雲譎，變化萬端，盤旋繞纏，進退顧盼，古樸醇厚。

5、據發表在《人民日報》2000 年 12 月 15 日「體育天地」，由蒙一丁先生撰寫的題為「集體智慧的結晶──紀念鄧小平『太極拳好』題詞 22 週年」一文，其中講到：「從最近河南溫縣發現的資料證明，王宗岳乃明萬曆年間山西……，河南溫縣趙堡鎮小留村的蔣發曾隨王宗岳學藝 7 年，藝成歸里，代有傳人。可見，趙堡拳乃是王宗岳太極拳的直接傳承。」

6、根據光緒版《新絳縣誌》可以印證王宗岳的相關記載。

7、根據新絳縣西關槐樹莊店王武辰先生家存的先祖

記載，可以確定王武辰是王宗岳現世後人。

8、幾年前李國梁先生在太谷的調研結果也認定：「王宗岳父親叫王祖通，生三子一女，長子王宗行，次子王宗岳，三子王宗梁，一女名字不詳。」

綜上情況，可以認為：

新絳縣是最充分、最具體、最具有說服力、任何地方無法取代的王宗岳故里。古絳州是當之無愧的傳承張三豐太極拳的發祥地。太極拳從新絳這塊土地上傳播出去，在各地生根、開花、結果，太極拳是從古絳州走向世界的。

最後，再真誠的感謝劉嘩挺先生，感謝他多年來為此多方奔走操勞，為挖掘整理王宗岳「道士太極拳」所作出的貢獻並提供資料。同時，懇切希望和熱忱歡迎廣大武術愛好者、專家、學者，前往山西省新絳縣實地考察，這才是我們所期待的。

【註】：關於雲遊道人的真實身分，據李師融考證，略有補充。據明朝宣德三年（1429 年）道士任自桓編寫的《大岳太和山志》的《張三豐傳》記述：

「洪武初，（張三豐）來入武當，拜玄帝於天柱峰，歷遍諸山，搜奇覽勝。曾對耆舊語云；吾山異日與今日大不同矣。我且將五龍、南岩、紫霄去荊榛師瓦礫，且初創焉。命邱玄靖住五龍，盧秋雲住南岩。劉古泉、楊善澄住紫霄。」

此語證明，劉古泉確實是張三豐的弟子，據史料，張三豐入武當之年是洪武二年（1369 年），此時，劉古泉已經是成年人了，假設是 20 歲吧。從洪武二年到嘉靖 26 年（1546 年）中間相距 197 年，再加上 20 歲，那麼，劉

古泉是在 217 歲去新絳縣教王宗岳的。而新絳縣的傳說，雲遊道人是個年富力強的中年人，不是老年人。同時，武術界的收徒，在 60 歲以上就關門了。由此看來，雲遊道人可能不是劉古泉。

李師融於 2003 年 8 月到武當山開會，曾經向張興洲先生詢問過雲遊道人的姓名。張興洲曾向王宗岳後人王劍鵬學習過武術。而據王劍鵬所述，也是「劉古泉」。兩方面的說法，完全一致。應該是可信的。就是說，雲遊道人對王宗岳的告訴師名，就是「劉古泉」。

怎麼理解這個疑問呢？據譚大江先生（道號：孔德）的著作說過，道門有這樣的規矩，拳法的傳授是「言祖不言師」的，即是只能說是師祖傳的，隱去自己的姓名。這個現象在正德年間，宋遠橋和張松溪等七人同上武當山，向玉虛子學習「十三勢」，後來，在宋遠橋的源流記述中，也說是張三豐的傳授，把玉虛子說成是張三豐，造成歷史上產生不應有的誤會。由此看來，雲遊道人應該是劉古泉的再傳弟子（姓名待考）。

《太極》雜誌 2010.5 期（29 至 32 頁）

三豐宗岳　千古流芳 ｜ 太極拳研究之匡正源流〈中〉

卷八 ——

王宗岳及其太極拳研究

王宗岳太極拳在山西的傳播概況表

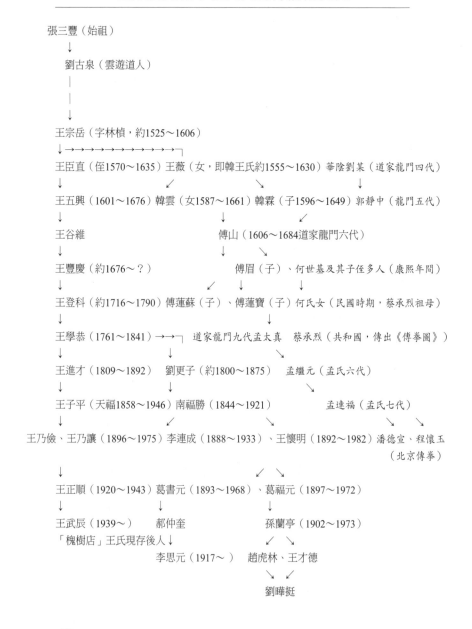

張三豐（始祖）

劉古泉（雲遊道人）

王宗岳（字林楨，約1525～1606）

王臣直（侄1570～1635）王薇（女，即韓王氏約1555～1630）華陰劉某（道家龍門四代）

王五興（1601～1676）韓雲（女1587～1661）韓霖（子1596～1649）郭靜中（龍門五代）

王谷維　　　　　　　　傅山（1606～1684道家龍門六代）

王豐慶（約1676～？）　　傅眉（子）、何世基及其子侄多人（康熙年間）

王登科（約1716～1790）傅蓮蘇（子）、傅蓮寶（子）何氏女（民國時期，蔡承烈祖母）

王學恭（1761～1841）→→┐　道家龍門九代孟太真　蔡承烈（共和國，傳出《傳拳圖》）

王進才（1809～1892）　劉更子（約1800～1875）　孟繼元（孟氏六代）

王子平（天福1858～1946）南福勝（1844～1921）　　孟連福（孟氏七代）

王乃儉、王乃讓（1896～1975）李連成（1888～1933）、王懷明（1892～1982）潘德宣、程懷玉（北京傳拳）

王正順（1920～1943）葛書元（1893～1968）、葛福元（1897～1972）

王武辰（1939～）　郝仲奎　　　孫蘭亭（1902～1973）

「槐樹店」王氏現存後人↓

李思元（1917～）　趙虎林、王才德

劉曄挺

明‧山西王宗岳及其武當張三豐
太極拳源流研究

　　在當今的武術界，尤其是在熱衷於習練太極拳的朋友中，提起王宗岳這個名字，大都不會陌生，幾乎是盡人皆知，對太極拳稍有研究的人，更可以說是耳熟能詳了。

　　太極拳是中華民族的一種優秀傳統文化、是瑰寶，有著極其悠久的發展歷史。王宗岳《太極拳論》被認為是太極拳界史無前例的、舉世公認的最有價值的太極拳經典理論著作，被後世太極拳家們奉為經典指南。亦是太極拳古譜的作者，是各派太極宗師奉為經典的拳理奠基人。他是一位在太極拳傳承史上作出重大貢獻（為後人發展太極拳的理論，指明了方向，深得後人的推崇）的人物，是有卓著貢獻的先驅，被尊之為宗師、武聖。

　　就是這麼一位十分重要的、承先啟後的關鍵人物，雖然有關他的籍貫、身世、年代和傳拳之說，各派太極拳歷代傳人均有記載。但史料卻極少，而且看法不一。儘管公認他為山西人，人稱華北大俠。但具體地點卻說不清楚，在縣名上就有楊城、晉陽、太谷、平遙、絳州之出入，其鄉村又為七里堡（崗）、小王莊等等。生活年代更有清代和明代之說，而且各有其理。甚至出現了不同目地的攪渾水，說王宗岳只是個符號，實無其人等等，真成了武術史上的一個謎。如能把他的基本情況弄清楚，太極拳史上許

多糾纏不清的問題，大都可迎刃而解。

一 早期山西方面體現在太極拳史上的研究主要針對張三豐

第一位就是許禹生的學生王新午（也學於吳鑑泉和紀子修），他於抗日戰爭時期出版了一部名著，叫《太極拳闡宗》，解放後經過整理於 1959 年在西安經由陝西人民出版社再版，改名為《太極拳法實踐》，在書中許先生不但於太極拳源流方面敘述較為詳實，而且對張三豐在山西，特別是在太原的遺跡作了大量的實地考察和研究（有興趣的朋友可以找來這本書看看）。

王先生在書中曾講：「余於 1933 年夏，遊太原陽曲縣之崛圍山……傅青主先生曾讀書於此。……此行最可者，洞內有明崇禎時碑碣，拂拭可辨，上載『嘉靖中（1522）張三豐真人曾修道於此』，至足珍也。……余案太原縣誌及懸崖洞碑碣之所載，則三豐之藏修息遊於太原一帶，為真實不虛。」

第二位便是山西工業大學教授孟乃昌先生，他發表了著名的《張三豐考》、《內家武功與張三豐》、《張三豐對太極拳的貢獻》等研究有關的成果，影響較大。其最著名的論斷就是：認為張三豐的貢獻就是太極「十三勢」，其論述基本如下：

十三勢就是八種手法和五種步法的總和，被認為是張三豐提出來的，這個十三勢是太極拳創造的基本依據，並且是爾後歷來所多次承認的這個依據。

楊氏太極拳家藏拳譜抄本，把楊氏套路名稱順序，標

題叫「十三勢」，李亦畬抄本武氏太極拳套路名稱順序，也叫「十三勢」。換言之，到了後來，十三勢即太極拳，太極拳即十三勢。這當然不是絕對雷同，而是辯證統一，講究樸素辯證法的太極拳時時是這樣認識的（比如「打手即是走架，走架即是打手」，並非二者同一）。此外兩種太極劍套路都叫太極十三劍，兩種太極刀套路都叫太極十三刀，槍或桿子的套路叫太極十三槍，戟的套路叫太極十三戟……。太極拳以自己民族傳統的認識，五行加八卦，處處強調十三（中國頗有一些十三數字的事物，如儒家有十三經，中醫分十三科；戲劇曲藝音韻用十三轍，五代有十三太保）。以上這些器械也都聯繫著十三勢，而十三勢聯繫著張三豐的名字。

太極拳源流史料已經向我們提供出有宋氏太極拳三十七式，程靈說小九天，殷利亨後天法等。這些是十三勢所由產生的依據，用科技史術語來說，是原太極拳，或原始太極拳。承認張三豐，才能承認宋、程、殷，這是很長一段的太極拳前史。

宋、程、殷氏套路（僅存名）的不同式名，曾被（別有用心的人）用來否定它們是太極拳，而有的相同式名也曾被當作否定的依據了。那就是宋氏太極裡的「手揮琵琶」，說者以為這是楊氏太極，因為後者有此式，陳氏太極無此名。

而學者孟乃昌的看法是，這倒證明太極拳是唐代就有了萌芽的，楊氏太極命名不是清代時自訂的，而是陳氏口頭相傳給楊露禪未著文字的（這也不是推測，而有陳氏別支通背拳的手揮琵琶小套手可證陳氏原有），現在有了宋

氏太極名目就提供了一種自古就有的證據；因為關鍵不是名字，而是實質。

手揮琵琶一式，左手前，右手後採的虛步式，不是明清和現代琵琶的拿法，而是唐代琵琶的拿法（據敦煌壁畫創作的《絲路花雨》還有反彈琵琶）。如果清代楊氏據形定名，怎麼也不會用考古的眼光給這個式子定成手揮琵琶。還有一個「攬雀尾」（相當於陳氏太極的懶扎衣，陳鑫叫攬擦衣，通背拳叫攬插衣），現在據宋氏太極和程氏太極都有「攬雀尾」，應該說也是有早期依據的。

獨立的宋氏太極拳在清末民初，以宋書銘為代表人物的出現，也為陳王廷非太極拳創始人提供了證明。說者以為宋氏太極拳實即楊氏太極拳，這實在無需多加反證。

試想當時的太極拳大師紀子修（楊露禪弟子），許禹生、吳鑑泉、劉思綬、劉采臣、姜殿臣，「動行皆冠於時」，在往謁宋書銘時與之推手，「皆隨其所指奔騰腕下，莫能自持」，敗於宋，因而諸師均拜於宋門下，執弟子禮。說者以為宋氏太極即楊氏太極。若真如此，楊氏開基，僅有數傳，學自楊露禪，還是楊班侯、楊健侯、楊澄甫，豈能為紀子修、吳鑑泉等所不知，文字能抄，功夫能拿麼？真是「彰彰之跡，豈容假借」。

二 後期學者們對王宗岳的調研

1、李國梁先生經過數年潛心研究證實太極宗師王宗岳是太谷縣小王堡村人，情況大致如下：

李國梁是太谷水秀鄉東懷遠村人，山西醫療器械廠職

工。七歲時隨父李德崇習武，後拜形意拳名家宋光華為師。1961 年參軍，在部隊期間先後榮獲武神炮手證章一枚，一等功臣戰鬥勳章一枚，團結戰鬥勳章和八五戰鬥勳章各一枚和國際主義戰士證書，由於戰功卓著，火線入黨，這一點成了他一生的驕傲。部隊轉業地方後，他利用業餘時間苦練形意拳，榮獲全國性形意拳比賽多項大獎，被評為國家武術六段，國家一級武術裁判。他的事蹟被收錄到山西省《名人名拳錄》、《中國百科專家人物傳集》、《中國民間武術家名典》等書中。同時他還撰寫了《人的生命在於動靜平衡》、《內功與人體倒立健身》等專業文集。

2002 年 12 期《武當》雜誌上刊出了李師融、鄭月香撰寫的《陳王廷不是太極拳創始人》一文中有這樣的一句話：從最近河南溫縣發現的資料證明王宗岳乃明萬曆年間山西太谷縣小王堡村人。於是河北、北京、陝西、浙江、河南、廣西的專家先後來太谷考察，可是卻沒有找到充分的證據，遺憾而去。李國梁瞭解到這一情況後，主動擔起了這一重擔，為了給這一結論更充分的理由，他把全部精力投在小王堡村，開始了「地毯式」的全面調查，絲毫的疑點也要追根溯源。

小王堡村流傳著一個鐵胳膊王二的故事：王二出生在一個武術世家，父親經商。他從小和父親學習練武。有一年，一位邋遢道人雲遊天下，途徑太谷小王堡村時，病到在街頭，窮困潦倒無人理會。王二遇到後，看的可憐，就背回了家中，每日服侍如父，道人十分感動，他見王二如此心地善良，而且悟性很高，便將自己的武功傳授給了王

二。王二得此功法後更加勤奮，武功大長。有一次在一家墳地裡，王二用胳膊竟把六尺高的巨大石柱一下子給磕成兩截，由此，「鐵胳膊王二」便在方圓幾十里的人群中流傳開來。事後人們才知道那個道人竟是張三豐，他是在試探和點化王宗岳。

李國梁說：這個故事雖然有些神化，但不會是空穴來風，肯定有原型。史料中有這樣的記載，王宗岳父親叫王祖通，生三子一女，長子王宗行，次子王宗岳，三子王宗梁，一女名字不詳。可見鐵胳膊王二就是王宗岳。

與此同時，李國梁還在小王堡村北的關帝廟有了新的發現，廟內立於康熙年間的功德碑上有「王宗周施銀四兩」的字樣，廟內的東西兩樑上分別刻有「扶樑功德主 王宗聖」、「扶樑功德主 王宗周」的字樣，據功德碑上記載的年代與王宗岳去世時的年代相減，相差不到百年，他們應該是同輩的叔伯兄弟。來太谷考察的廣西《金色年華》嚴翰秀社長就此事進行了質疑？李國梁解釋說：俗話說，窮大輩，富小輩。當時，王宗岳的父親是個商人，家裡一定有錢，而且中國傳統的觀點是「不孝有三，無後為大」，這樣的社會裡，有錢人的子女早婚現象普遍，一般十六、十七就結婚，還大小老婆娶的一群，同父異母兄弟之間就有相差四、五十歲的。而家庭困難的人家就相對晚些，三十、四十結婚也不稀奇。幾代人下來，同輩兄弟相差100多歲的各地都有。

既然王宗岳是個大家，那他王家會不會有家譜傳世呢？帶著這個問題，李國梁在小王堡村多次組織上年紀的老人們一起回憶。老人們肯定地說，以前村裡有個叫王景

雲的（小名侯來紅），光緒年間參加過義和團運動。晚年時家境一貧如洗，1956 年的時候，死在了村裡的一座文昌廟裡，享年 82 歲。埋藏時，村裡人竟把王家的唯一「家譜」當被子蓋在了他的身上，一起給埋了。他們回憶說，「家譜」以前是輪流保管的，可那時候解放不久，到處在破除封建迷信，所以誰也沒有把「家譜」當成回事。

為此，李國梁在徵得村裡有關人士的同意後，會同有關專家於 2002 年 6 月份挖開了王景雲的墓藏進行考察，可是，由於年代已跨越半個世紀，家譜早已腐爛的無法辨認，一無所獲。雖然如此，李國梁認為，王家確實留有「家譜」，這一點現在村裡的許多老人們都可以證實。既然村裡曾有過「王宗聖、王宗周」等「宗」字輩的人，那麼王宗岳肯定也在其中。

外地的好多專家來太谷考察，在李國梁與太谷縣武協主席縣誌辦主任程素仁的協助下，他們進行了認真的調查，他們提出的疑問是：王宗岳既然是太谷人，那如何落戶到河南的呢？李國梁說：王宗岳所在的那個時代，正好是晉商發展的時期，這一點《武當》雜誌鄭悟清、鄭瑞的《趙堡和式太極拳闡秘》就有現成答案：「明代萬曆年間，有山西王宗岳一行二人，由太行經趙堡渡黃河，赴鄭州檢查生意，住宿趙堡。」

「太極拳」一名的由來更能體現出王宗岳情繫家鄉，眷戀故土的情結。這一點李國梁說太谷縣誌辦主任程素仁有獨到的見解。程素仁認為「太極」就是在「太谷」的基礎上產生的，因為「谷」與「峰」是相對的，都是山的兩極，而太極拳理論主要是剛與柔、陰與陽之間的相互化

解，正如山的「峰」與「谷」，起成「太谷拳」與拳理的內涵相悖，而取其兩極恰如其分。看來，王宗岳在拳名上也是費了一番心思的。同時程素仁還分析了形意拳與太極拳之間的緣源，他認為太極拳從拳理拳法具體到一招一式，都從形意拳中吸於了很多精華，可以說是對形意拳的突破與創新。

記者問為何如此熱衷於這一事業時，李國梁說，確立了王宗岳在太谷的地位，就可以此為平台建立太極拳文化研究中心，建立王宗岳紀念館，為王宗岳樹碑立傳，讓全世界的太極拳後人來此尋根問祖，以此促進太谷旅遊經濟的發展。

對李國梁先生的調研結果，新絳縣的青年學者劉曄挺先生也有自己的看法，他認為：

（1）李國梁先生的調查不是主動對「考證對象」的研究，而是外因所驅的被「解謎」。是聽別人說「王宗岳是太谷人」才著手的尋蹤，其對主人公「王宗岳」的瞭解是很欠缺的。

（2）點化王宗岳的道人並非張三豐本人，而是雲遊道人劉古泉。

（3）李先生非太極拳習練者，對太極拳傳承抱有懷疑即對張三豐創拳論持質疑態度，甚至認為是王宗岳創造太極拳。既然質疑張三豐，又何以能「點化」王宗岳，前後矛盾。

（4）尋找王宗岳的目的是為了「解謎」和推動太谷旅遊事業發展。

（5）程素紅先生對「太極」的見解是獨到的，然而

只能是主觀聯繫。

（6）「太極拳」是從形意拳中「突破和創新」的觀點，是違背事實的。

2、海南學者李師融、吳鐵榮的研究

二位先生於《武當》雜誌 2002 年第 7 期發表《王宗岳籍貫考》一文，認為：

明代太極宗師王宗岳的籍貫，人們知其為山西省人。但具體的縣名及鄉村，則有幾種不同的說法。1935 年杜元化著《太極拳正宗》說是太谷縣人，鄭悟清說是陽城縣人。鄭悟清弟子宋蘊華在 1991 年著《趙堡太極拳圖譜》，則說是陽城縣七里崗小王莊人。黎錦忠於 1986 年在《武林》發表的趙堡歷代傳人表中說是晉陽縣七里堡人。趙堡太極拳總會在 2001 年 6 月 25 日寫的有關證明，則說是「太谷縣小王莊人」。雖然相差不遠，但未得統一的看法。

筆者查閱了《中國歷史地圖集》第七卷的明代山西省地圖（見附圖），認為陽城縣七里崗小王莊的說法，比較合理。綜合各說的共同點，對「七里崗小王莊」這一村名有共識。不一之處是縣名不同。從地圖及王宗岳收蔣發為徒的經過看，王宗岳是為了到鄭州檢查生意，而作此旅行。陽城位於山西東南部，與河南省的懷慶府相隔太行山，陽城距趙堡並不過於遙遠。赴鄭州必過黃河，趙堡到汜水之渡口為必經之地。故宗岳在趙堡投宿，乃屬情理。若宗岳家居太谷，則距鄭州甚遠，古時交通不便，必到太原就近經商，不會在鄭州設立經商基地。因此，家居太

谷，就不會到趙堡，也就不會收蔣發為徒。家居陽城，離鄭州很近，到鄭州經商是合理的選擇。故認為，陽城縣七里崗小王莊之記述比較可靠。

在郭福厚 1993 年著《太極拳秘訣評解》（天津科技出版社）第 11 頁注中有述：「蔣發生於明萬曆二年（1574 年），原籍河南省懷慶府溫縣趙堡小留村人。22 歲時從山西太原太谷縣（另一說法是山西陽城，城南二十里鋪小王莊姜定堡）王林禎學得此拳。」此說法仍認同陽城縣為宗岳之故鄉。小王莊的村名與前說彼此符合，可認為是另一調查者的佐證。由此觀之，太谷縣之傳，恐有訛誤。以上判斷，由於未經實地考察，現難定論。可供山西之同道名師、拳友，進一步核實。

三 近來山西新絳縣在王宗岳研究方面的突破

2010 年 8 月 18 日有關方面在新絳縣召開了「王宗岳太極拳研討會」，會上該縣的劉嘩挺先生介紹並講述了經過自己數年潛心研究，論證太極宗師王宗岳的活動時間、地點以及諸多的相關證據，王宗岳的故居、舊址、傳說等較為豐富、翔實，具有說服力。還具體地、明確地論述了王宗岳就是新絳縣明朝嘉靖年間思賢里王莊人的事實。

這次研討會，縣委、縣政府都非常重視，特派文體局的代表參加這次論證，同時代表政府發了言，表示「考評王宗岳的意義重大，它不僅是文化領域的考證，也是學術領域的討論；它不僅是太極拳領域的大事，也是文化領域的一件大事。我們一定會尊重事實、尊重歷史，給社會交出一份滿意的答卷」。會議開得很好，研討、論證都很熱

烈，很成功。

王宗岳，字林楨，明嘉靖四年（1525 年）出生於山西絳州府（今新絳縣西北五里思賢里）王莊村，卒年是萬曆三十四年（公元 1606 年）。

王宗岳十歲左右曾是絳州州學的生員，在州學期間，除學文化課外，還兼學到拳械功夫。由於品學兼優，所以後留州學書院任教。當地的會仙樓「仙樓疊翠」聞名遐邇，這裡是官道經過絳州北上的必由之路，也是人文薈萃的地方。嘉靖三十六年（即 1547 年），雲遊道人自陝道來到絳州，即下榻在會仙樓附近。機緣使他和老道漸漸熟識，原來，這位雲遊道人自稱劉古泉，是張三豐的弟子（注：後經王宗岳引薦，道人在三官廟落足「佈道」），經過長期的接觸和觀察，道人發現王宗岳知書達理，待人恭敬謙遜，做事踏實，能持志以恆，故打開山門，收納了這個俗家弟子，始將張三豐祖師傳授的太極拳藝悉數傳授於王宗岳。

王宗岳的父親王祖通一生經商，長兄王宗行，堂兄王之屏（約 1520～？。1541 年歲貢），堂弟王之翰（約 1548～？。1573 年舉人，為官棗陽，蒙冤屈死，後皇上平反，賜尚寶司少卿，封妻蔭子）；王宗岳撫養孤侄王臣直（1570～1635），並過繼為兒，王宗岳女兒王薇（即韓王氏，約 1555～1630）嫁給大家世族韓氏，韓雲（1587～1661）、韓霖（1596～1649）和韓霞，都是王宗岳的外孫，大外孫韓雲在拳藝上既得到了母親的傳授，又受到了外爺王宗岳的親自指導，韓霖，武功高超，出神入化，遠近聞名。後來韓霖將此「道士太極拳」傳給了友人傅山，

傅山太極拳法至今仍有流傳（見《傅山拳法—傅拳圖》），眾所周知的綿山太極拳（也稱子午太極拳），即與此有很大的關係。

其次是王宗岳的孫子輩，有：王接武（1594～？。1618年舉人）、王五興（臣直子，1601～1676，字大五或大武。1630年舉人）；重孫輩有：王士俊（1615～1691，1637年歲貢）、王谷維（約1636～？）。

從玄孫向下依次是：王豐慶（約1676～？）→王登科（約1716～1790）→王學恭（1761～1841）→王進才（1809～1892）→王子平（天福1858～1946）→王乃儉（1896～1975）→王正順（1920～1943）→王武辰（1939年出生。居槐樹店，是王氏現存後人）。

王家「道士太極拳」從王學恭開始傳外姓，王學恭→劉更子（約1800—1875）→南福勝（1844～1921）→李連成（1888～1933）、王懷明（1892～1982）→葛書元（1893～1968）、葛福元（1897～1972）→孫蘭亭（1902～1973）→趙虎林、王才德→劉曄挺。

劉曄挺先生曾多次訪問王武辰先生，得到的回答基本一致，他講：我叫王武辰，生於1939年，今年72歲，家住新絳縣西關村槐樹店……「道士太極拳」一直在王家代代相傳。清道光年間，絳州劉村人劉更子隨我遠祖王學恭學太極拳，傳徒南里村南福勝，徒孫李連成、王懷明，都是出類拔萃的人物。四傳葛書元到孫蘭亭，也是享譽「武林」的一代大家……。

明末清初的王韓兩家，淵源很深，相輔相成，根深柢固，活躍絳州達百年……。韓雲拳術水準很高，曾得他外

祖父王宗岳的指點……。我爺爺奶奶也常講先祖創業、行醫之事，曾講王家先人的正骨學自道人，「道士拳」自他手裡失傳……。王祖通是經商的；王宗岳學得「道士拳」，開創了家業……王臣直、王武興文武雙全，辦學校，很著名……王宗岳生活在明朝後期，家廟應是他的後代建的。

解放後歷史變遷，家廟由釘馬掌的占用，後又由喬家居住。「文革」期間破四舊，許多家庭都銷毀了所供神位，我家神位也毀於那個時期。所幸記下先人的名字：王祖通──王宗岳──王臣直──王五興──王谷維──王豐慶──王登科──王學恭，後是王進才、王子平（未進入家廟）、王正順、王武辰。

四 相關史料和史證的記載對明山西人王宗岳的支持

1、《清史稿》的記載，有力的證明了王宗岳明朝人

現已查明《清史稿卷五百五·例傳二百九十二·藝術四》載明，「內家者起於宋武當道士張三豐，其法以靜制動，應手即仆。與少林之主於搏人者異。故別少林為外家。其後流傳於秦晉間。王宗岳最著……清中葉河北有太極拳云其法出於山西王宗岳，其法式論解與百家之言相出入。至清末傳習頗眾云。」這是正史最早出現「太極拳」一詞的記載，也是王宗岳被收入正史的記載，明白記述太極拳法出於山西王宗岳。

清史記王宗岳是明朝人，如從明中葉算起至清中葉大約 200 多年的歷史。因年代久遠，又無史料證實，中間的

傳承關係實難考證。但有一點與清史記載完全相符。清中葉嘉慶至道光年間卻有河北永年人楊祿禪與同鄉李伯魁曾拜河南溫縣陳家溝人陳長興為師，學習蔣發所傳的太極拳。楊祿禪跟隨陳長興十有餘年，在山東、河北，一邊走鏢，一邊學拳，終於學業大成，陳長興並授與弟子楊祿禪《王宗岳太極拳之秘訣》當時陳家溝除陳長興會太極拳外，其他村民所練的全是炮捶，所以被人們稱之為炮捶陳家。

當然，亦可從蔣發的出生年代上可推知王宗岳所在的年代。從民國二十三年杜育萬的太極正宗一書中所詳細記錄的蔣發出生的年代（明萬曆二年）可知王宗岳必定是嘉靖年間人，杜育萬有關對趙堡太極傳人從蔣發開始到第九代他本人的記述，完全吻合趙堡各代家譜的記載（包括年代）非僅如此，1998 年發現的「太極秘術」拳譜所記載的溫縣以外張楚臣所傳的另一支，是杜育萬記述之正確性的鐵證，而近年發現的趙堡第四代宗師陳敬伯所傳的在陝西一支的傳人的記述也是杜育萬記述正確性的強烈傳證。再者，除趙堡當地傳人（杜育萬非趙堡當地傳人，他是沁陽縣人）歷代口述證實了杜育萬記述的正確性外，在上海龍華鎮太極名家宦大海（已故世多年）所藏的資料中，更詳細的記載了王宗岳與蔣發的關係，以及王宗岳的職業及家鄉地址等。

宦大海的資料是由張敬芝（任長春的師兄弟）下傳到楊邦泰，由楊邦泰給友人宦大海的（由此可證杜育萬書中的蔣發的老師王林禎就是王宗岳）本人早年也曾與宦大海先生有過交往，也向楊邦泰老師學過一套通背拳，並曾在

本人工作過的上海中山醫院禮堂的舞台上攝錄過楊邦泰老師的趙堡太極拳、通背拳等（這些資料本人至今還保存著）不但如此，就是近百年來，一直在爭「太極創始人」的陳家溝，也記載蔣發與其明末清初第九世陳王廷的密切關係，並世代傳有二人的畫像。試想，僅按陳家溝的資料就足以說明蔣發的老師王宗岳不可能比自己的弟子還小一百幾十歲。

2、太極拳家的權威記載支持

（1）武式太極拳創始人武禹襄長兄武秋瀛老人酷愛太極拳，於光緒九年（1883）撰有太極拳史《跋文》一篇，是非常珍貴的太極拳史料。

《跋文》第一段記載：「明季山右王宗岳傳於懷慶府武陟縣趙堡鎮蔣姓、蔣氏父子藝皆精越，數傳有張宗禹、張言，叔侄俱有盛名。」

（2）王宗岳在其《陰符槍譜・自序》中說：「余習太極拳二十有年，兼修槍術，從中有悟……吾尊其本源，編創陰符槍十六勢。今將身法、步法、手法訣要共書於後。」

《自序》後署「萬曆戊子季春朔日，山右太谷王宗岳」。

「萬曆戊子」是明萬曆十六年（公曆 1588 年）。「季春」是農曆三月。「朔日」是農曆初一。

後附李亦畬先生的《跋》文一篇：

「母舅禹襄親授王氏《太極拳論》並《陰符槍譜》二卷。此拳乃稀世之寶，古譜不可輕易示人，慎而重之，切

記謹記！

　　同治丁卯中秋月圓亦畲氏記於小書房內

　　光緒辛巳中秋念六日亦畲氏謹識」

　　同治丁卯是清同治六年（公曆 1867 年）。光緒辛巳是清光緒七年。

　　（3）武式太極拳家李亦畲 1867 年的《太極拳小序》記載，「太極拳始自宋張三豐，其精微巧妙，王宗岳論詳且盡矣。後傳至河南陳家溝陳姓，神而明者，代不數人。我郡南關楊某，愛而往學焉。專心致志，十有餘年，備極精巧。旋里後，市諸同好，母舅武禹襄見而好之，常與比較，伊不肯輕以授人。僅能得其大概。素聞豫省懷慶府趙堡鎮，有陳姓名清平者，精於是技，踰年，母舅因公赴豫省，過而訪焉。研究月餘，而精妙始得，神乎技矣。」李氏寫序時，楊祿禪、武禹襄均健在。

　　（4）民國 24 年（1935），河南開封出版了杜元化（字育萬）先生所著《太極拳正宗》一書。首頁便是當時河南省國術館館長陳泮岑先生為該書所作的序言，其中寫到：「河南溫縣趙堡鎮之太極拳也，余觀其拳系師承懷慶府溫縣蔣先生發。蔣發生於明萬曆二年，學拳於山西太谷縣王林禎。王之師曰：『雲遊道人有歌曰：太極之先，天地根源，老君設教，宓子真傳。宓子而後代有傳人，因姓氏未傳，不克詳徵，』至三豐神而明之，發揚光大，號曰武當派。」

　　該書之「太極拳溯始」曰：「余先師蔣老夫子，原籍懷慶溫縣人也，生於大明萬曆二年，世居小留村，在縣之東境，距趙堡鎮數里之遙，至二十二歲，學拳於山西太原

太谷縣王老夫子諱林禎，事師如父，學七年，禮貌不稍衰，師亦愛之如子。……歸家後，其村與趙堡鎮相距甚近，趙堡有邢喜槐者，素慕蔣老夫子拳術絕倫，因素無瓜葛，無緣從學，每逢蔣老夫子到鎮相遇，必格外設法優待，希圖浹洽，意在學拳。如此，蔣老夫子閱二年之久，見其持己忠厚有餘，待人誠敬異常；察知其意，如以此術傳之，其中奧妙無不盡洩。其後，有張楚臣者，邢先生之同盟弟也．想其人不卜必端，所以，邢先生又盡情授給之。張楚臣先生原籍山西人也，杌在趙堡鎮以開鮮菜舖為業，後駿發，改作糧行，察本鎮陳敬柏先生人品端正，凡事可靠，所以，將此術全盤授之。其後，陳先生欲擴張此術，廣收門徒至八百餘，能得其一技之長者十六人，能得其大概者八人，能統其道者，惟張宗禹先生一人，其後，傳給其孫張先生彥，先生又傳給陳先生清平……」

3、已有的相關著作支持

（1）楊春編寫的《武當張祖太極拳》，人民體育出版社第 16 頁。

（2）鄭瑞、譚大江編著的《武當起堡太極拳小架》人民體育出版社第 4 頁。

（3）王海洲、嚴翰秀著《杜元化‧太極拳正宗考析》人民體育出版社，第 12、31、126、128 頁。

（4）李師融、李永傑著《古今太極拳譜及源流闡秘》台灣逸文武術文化公司出版，第 339 頁。

（5）原寶山著《武當趙堡太極拳大全》世界圖書出版公司第 219 頁。

（6）趙增福著《趙堡太極拳大架》香港武術文化中心出版。

（7）李師融著《真偽兩種「王宗岳考」》香港武術文化中心出版。

（8）趙斌、路迪民著《楊式太極拳正宗》近代太極拳先驅王宗岳部分。

（9）《武林》雜誌 1986 年第二期黎綿忠發表的《太極拳起源探討》。

（10）鄭琛著《太極拳道》人民體育出版社 2003 年出版。太極拳源流部分。

4、有眾多的資料和研究成果都支持、集中指向明代山西新絳人王宗岳

（1）張希貴著《山西名人名拳錄》1995 年 12 月山西高校出版社出版，第二頁有：「王宗岳，男，山西新絳人，武術理論家」。

（2）趙增福著《中國八卦太極拳》2001 年 4 月世界圖書出版社。

第 17 頁有：「太極拳的先驅者王宗岳」。

第 22 頁有：「而王宗岳則是絳州人（今新絳縣，山西汾城縣之南）」。

（3）《中華武術》雜誌副主編周荔裳所著《趙堡太極考源》2005 年 8 月，人民體育出版社。有：「王宗岳是絳州人，今新降縣在山西汾城縣之南」。

（4）《傅山拳法──子午太極拳》一書中記載，山西省體委於八十年代的調查與考證：傅青主（傅山）係道

家龍門第六代「真」字輩，而王宗岳曾傳由龍門第九代孟太真，此說為有關王宗岳的研究提供了新的線索。傅山拳架傳人李思元前輩（己故）演練的傅山拳架（錄影），動勢波詭雲譎，變化萬端，盤旋繞纏，進退顧盼，古樸醇厚。

（5）據發表在《人民日報》2000年12月15日星期五第十版「體育天地」，由蒙一丁先生撰寫的題為「集體智慧的結晶——紀念鄧小平『太極拳好』題詞22週年」一文，其中講到：「從最近河南溫縣發現的資料證明，王宗岳乃明萬曆年間山西……，河南溫縣趙堡鎮小留村的蔣發曾隨王宗岳學藝7年，藝成歸里，代有傳人。可見，趙堡拳乃是王宗岳太極拳的直接傳承。」

（6）根據光緒版《新絳縣誌》可以印證王宗岳的相關記載。

（7）根據新絳縣西關槐樹莊店王武臣先生家存的先祖記載，可以確定王武臣是王宗岳現世後人。

（8）幾年前李國梁先生在太谷的調研結果也認定：「王宗岳父親叫王祖通，生三子一女，長子王宗行，次子王宗岳，三子王宗梁，一女名字不詳。」

綜上情況，可以認為：新絳縣是最充分、最具體、最具有說服力，任何地方無法取代的王宗岳故里。古絳州是當之無愧的傳承張三豐太極拳的中興之地。太極拳從新絳這塊土地上傳播出去，在各地生根、開花、結果，太極拳是從古絳州走向世界的。

五 鐵證如山的《傅山拳法》一書及記載

《傅山拳法》一書，山西人民出版本社 1988 年 10 月第 1 版，第 1 次印刷，作者：張耀倫、王立遠、李思元、任重遠、肖雲堂、蘭安樂、李有甫、張希貴等八人。

書中講：傅山拳法是由陝西華陰劉某傳郭靜中（1558～？道教龍門派第五代），郭傳傅山（1609～1684，為道教龍門派第六代），傅傳子傅眉，眉傳子傅蓮蘇、傅蓮寶。

書中顯示的《傅拳圖》是在上世紀七十年代末到八十年代初，全國武術挖掘整理過程中，由山西省靈石縣蔡承烈老先生獻出，版本是清光緒六年（1880 年）的手抄本，並經過核查證明是真本不虛。

《傅拳圖》的傳遞關係是：傅山傳何世基（清康熙年間，同時得到傅山傳授的還有何世基的兒子思明、思溫、思均，侄子思聰、思義、思忠），直到民國時期的何氏（蔡承烈的祖母，作為壓箱底的嫁妝，隨嫁而到蔡家），挖整時而被蔡承烈老先生獻給國家。

時有（指上世紀八十年代）北京鐵道兵團原軍事法院院長李思遠先生和北京市第二清潔車輛廠程懷玉二同志，認為他們練的子午太極拳（也叫綿山太極拳）和《傅拳圖》是一樣的，驚嘆地說：「這可找到根了」。

他們說，子午太極拳是由道教龍門派第九代太字輩、山西靈石縣人孟太真傳出，並說孟太真傳由絳州王宗岳。李思元學於郝仲奎，郝學於葛書元（李同時也隨葛學），葛學於太原大寧堂坐堂先生；程懷玉和潘德宣學於孟氏第

七代孟連福，連福學於六代孟繼元。

程懷玉說《傳拳圖》和綿山太極拳譜一樣，李維垚（李思元叔父）在抗日戰爭前，任介休縣教育局局長，常見介休有人練綿山太極拳，回壽陽見李思元練子午太極拳，說綿山太極拳和子午太極拳一樣。

李思元更講：「這套拳法，我常年演練不輟，十分喜愛。北京的崔毅士、侯志宣；西安和氏太極拳家鄭悟清；山西武術協會主席陳盛甫教授；國家體委武術處李天驥等先生都看過表演，他們認為這是一個古老的道家太極拳法，後來的太極拳就是從此脫化出來的，看來此拳可推為太極拳的始祖。」（見《傅山拳法》221 頁）

由此看來，此時的太極拳源流已經比較清楚了，可能是由於《傅山拳法》這本書影響不廣，或是由於書名掩蓋了，或還是有更深層次的原因，亦說不清了。

六 結 論

王宗岳約為明嘉靖年間山西新絳縣人無疑，王宗岳太極拳至今傳承不斷，陳氏創拳說必然成為笑料。

見 2012 年 9 月 12 日《武當網》

三豐宗岳 千古流芳 │ 太極拳研究之匡正源流〈中〉

卷九 ——

《大理古佚書鈔》武藝記載

及張三豐研究的突破

《書鈔》武藝小百科
豐富多彩媲《拳經》
——《大理古佚書鈔》明人筆記武術史料輯錄

　　雲南人民出版社 2002 年 1 月出版了《大理古佚書鈔》（尹明舉主編，以下簡稱《書鈔》）一書，書中輯錄了我國明朝存世書稿三部，即李浩《三迤隨筆》、李以恆《淮城夜語》、張繼白《葉榆稗史》。三部書稿的面世，被稱為「是繼山東銀雀山、長沙馬王堆、荊門楚墓出土簡帛古書之後的又一重大驚喜新發現」。

　　現將其所展現的極為豐富多彩的武術史料，以及太極拳祖師張三豐的資料，挖掘整理如下，以利中國古代武術及太極拳史的研究。

　　《書鈔》全書 305 個條目，其中涉及武術內容的即有 100 個之多，占到了三分之一，特別是有關張三豐事蹟，豐富而詳盡，說他「武技冠天下，智謀超群」「精研太極，創武學，自成一家」等等。

《三迤隨筆》（明）李浩著

著者簡介：李浩生於元至正十四年（公元 1354 年），七歲便和沐英及朱元璋長子（太子）朱標結為義兄弟。洪武元年（公元 1368 年）朱元璋登基後當過太子侍讀，後來和沐英一塊編入定遠軍，做沐英身邊的文職官員。洪武十五年（公元 1382 年）平滇後，授天威徑鎮撫使職，子孫世襲。元大理路段氏藏書，除上交雲南總兵府的以外，剩下的書籍全部歸自己收藏。他文武兼備，知識面寬、喜愛音樂和文學。卒於正統九年（公元 1444 年），享年八十八歲。他的著作有《三迤隨筆》、《從軍錄》及百餘首詩詞。

書抄頁碼	書中題目	內容摘錄	與武術有關的詞語	淺識
28	韋安撫使與鄭清平官	……唐軍多死於蠻兵毒箭、馬軍輕騎、蠻刀。	毒箭、馬軍輕騎、蠻刀	蠻兵所使用的刀即蠻刀。
33	無為寺南詔諸高僧	……本段氏後裔，文韜武略……	文韜武略	段氏後裔多文武兼備。
33	開山贊陀崛多傳	……寺有高僧贊陀崛多，為天竺高僧，精瑜伽金剛大法……	天竺高僧、精瑜伽金剛大法	即印度高僧精瑜伽金剛大法。
36	三代雄仙	……雄仙博法精武……一掛單武僧由天竺至……	精武；武僧由天竺至；	雄仙精通武藝，武僧由印度來。
37	四代一化	……一化喜研諸經，才思敏捷，喜研六祖遺經。每三年閉室面壁一百日，十日進水一杯。至隆舜四年，雄仙圓寂，而傳燈一化主持無為寺。一化修建	每三年閉室面壁一百日，十日進水一杯；達摩堂；	即辟穀；達摩即俗稱少林武術的祖師。

		文殊院、達摩堂於寺南……		
38	五代知善	知善……幼習武……以竹削劍……與蛟鬥三日。蛟疲，知善以竹劍斬之於玉案山斬蛟台。	幼習武；以竹削劍；以竹劍斬之；	竹削劍能用說明功力勁道都非常好。
54	民家源說	……中有博學多識者，為高僧長老數十人，皆能詩、善文、精武。……入夜，巫者裸身舞於火塘，踩刀而足不傷。……子孫可入學應文武試，中者可得功名。	精武；裸身舞於火塘，踩刀而足不傷；應文武試；	不但精通，而且有奇能。
59	慈爽張洪綱	……擦淨長劍，寒光射日月。	長劍	既是現在也不多見。
65	負石婦軼事	……兒孫們力更大，都能打仗，正在練武。所用刀棍重千斤，他們善用石頭打人。	練武；刀棍重千斤；石頭打人；	重千斤一定是誇張詞，但石頭打人確很真實。
71	蛇骨塔記事碑	……赤誠，少勇猛過人，武藝超群，力大分牛，為殿前侍衛。……為赤誠選精鋼製利刃二十四把，利劍二柄，銳可吹髮立斷。……赤誠身纏二十四飛刀……	少勇猛過人，武藝超群，力大分牛，為殿前侍衛；選精鋼製利刃二十四把，利劍二柄，銳可吹髮立斷；身纏二十四飛刀；	的確勇猛過人，武藝超群，刀劍質量精良。

75	張寸平除蟒事	……我自幼伴阿母耨田種地，間習武藝。……我自幼好讀，可文牘書畫，亦可跨騎演武於校場。……今年五月海會，將競武於海坪。……屆時競技於校場，以騎射第一……寸平神射，以箭射其項，……寸平連發二箭，果中化枯二目。又一箭射入口。寸平跳躍以利刃劈之而不入，刃口反捲。寸平驚恐，長髯偉士曰：「吾有鋼刃贈。」執一三尺長刀，寸平接之而寒遍生輝，知為寶刀。一刀揮斷化枯項，迎腹剖之，化枯斃。	間習武藝；可跨騎演武於校場；競武；競技於校場、騎射第一；神射、箭射、連發二箭；一箭射入口；跳躍以利刃劈之；有鋼刃贈；執一三尺長刀；寶刀；一刀揮斷；迎腹剖之；	競技比賽，武功高超，特別是「執一三尺長刀」，即是現在也比較少見，可能相似於今天的苗刀。
78	佛道傳點蒼考	……道衍至南沼，佛道大興，各演其說。天竺、吐蕃梵僧人南詔者二百餘，中有高僧多為王用。……延佑初，葉榆東至雲南品甸，南至巍寶，西至博南，新建道觀五十餘。孫不二、張三豐、趙飛全先後至點蒼。	天竺、吐蕃梵僧人；張三豐；	天竺、吐蕃梵僧人到南詔的有200餘人，「武技冠天下」的張三豐也來到了南詔。
78	葉榆城諸坊	……以輔教子孫通武學文。	通武學文	即通曉武術。

91	蒙氏演武場	……每年三月中，以朝觀音，踏歌，易物，每年如是。至南詔而按期為市。閣羅鳳於天寶戰發，而演武點將。點蒼神祠前建有點將台。至此，每年三月按期演武。至大理國立，三月十五至月尾為觀音市。……十六起為武壇打擂，擂主為頭年武擂之魁。打擂者，上至皇室子弟、僧侶，下至庶民。宋室逃亡三迆者，皆可爭奪，勝者為主。擂期三日，擂台每年取武士六人，授以武職，用於軍。至段氏降元，元廢舊制而開科設武舉，仿漢制。	演武點將；按期演武；武壇打擂；擂主為頭年武擂之魁；打擂者，上至皇室子弟、僧侶，下至庶民。宋室逃亡三迆者，皆可爭奪，勝者為主。擂期三日，擂台每年取武士六人、授以武職；開科設武舉；	按期演武、點將、打擂台，已經成了一項國家制度。每年以此「取武士、授武職」，即開科設武舉，選拔武藝超群的人才。
93	聽點蒼仙樂記	……陳玄亮師從龍門分支，以練氣為修身之道。	練氣為修身之道	把「練氣」作為修身修道。
101	秉義皇帝段素隆出家始末	……秉義，素廉俔，精武善文……秉義崇武，尚刀劍，於無為寺龍苑南，闢崇武堂……	精武；崇武、尚刀劍；闢崇武堂；	秉義皇帝不但崇武精武，而且特別喜歡刀劍，特地設「崇武堂」，作為專門的習武練功之處。

103	孝德皇帝段思廉事	段思智，思平曾孫。子名思廉，少慧，精文崇武，騎射皇族第一。	精文崇武、騎射皇族第一	皇帝段思廉也是精文崇武、騎射皇族屬第一。
104	保定皇帝段正明	……六歲習文武，十歲善騎射，十三演陣操兵，十五文能詩詞牘文，武能帶兵打戰……文武全才有德者薦為國君。此制為文武皇帝段思平定。思平又定：「若國中皇室無良才，朝中若有文武雙兼大才德者，可立為君，賢者居之。」段正明文才超群，武以刀劍超群。	六歲習文武，十歲善騎射；武能帶兵打戰；文武皇帝段思平；文武雙兼；武以刀劍超群；	皇帝段正明是了不得，從小練武，騎射、打仗，文武雙全，而且刀劍超群。
106	聖德皇帝高昇泰事	……南詔歷代善兵戈，武者之勇，皆諸大姓。……智升高九尺，力能扳牛鬥而雙分之，臂力國中第一。資慧，幼拜無為寺蓮座長老為師，精槍法，善騎射，智慧超群。家傳鐵鞭，為隕鐵打就重百斤。智升雞鳴舞之，後傳昇泰，世稱高家鞭。一日，思廉遊獵於鳳凰坡，旋風起，捲塵揚而馬迷目，驚而失足。思廉蹶跌，智生上而接之，而免思廉落崖之險。又扶思廉於鞍，牽馬而行……知子將來必大貴，	善兵戈、武者之勇；力能扳牛鬥而雙分之，臂力國中第一；精槍法、善騎射；家傳鐵鞭，為隕鐵打就重百斤；雞鳴舞之；高家鞭；卷塵揚而馬迷目，驚而失足。思廉蹶跌，智生上而接之；	皇帝高昇泰更是力大無窮，家傳鐵鞭，為隕鐵打造重百斤；能迎而接之「失足驚馬」，可見其功力之大，無人能比。不但經常「校場演武」，而且還精通各種器械。

		並以掌紋而取名昇貴，並以掌紋而取名昇泰。自幼習文練武，少年成器……又於校場演武，諸器皆精，而賜清平宮。	習文練武；於校場演武，諸器皆精；	
109	後大理一世段正淳	段正淳，保定皇帝之弟。……長而勤學精武。十七大考文擢第一，武試居寺之三，而學成入仕。……比武賽詩。	勤學精武；武試居寺之三；比武賽詩；	段正淳也是文武全才，文考第一，武考第三，同時還「比武賽詩」。
111	和譽中興事	後大理國二世國君段和譽，幼喜刀戈……文韜武略……	幼喜刀戈；文韜武略；	段和譽也是喜刀戈，文韜武略之人。
114	蒙段鑄劍	南中冶煉，始於楚莊跡入滇。特以銅冶為主，至蜀漢始知煉鐵，鐵源於紫石崖。蒙氏史載：蜀將李恢征孟獲，獲降，屯軍南中。軍中有製箭簇匠人樊二，善冶，知佛光寨北馬鞍山赤石能冶鐵，取而冶之。亮造水扯爐圖，以水磨法加仙人手，而煉石成鐵。又以匠人用松柴，二次燒鍛生鐵，以工匠千錘擊之，鐵性漸軟。三擊三炒，而成精綿鐵。以綿鐵之英鑄刀劍，鋒利無比。至蒙氏滅五詔，南詔立國。南詔有鑄匠趙利阿，	成精綿鐵；鑄刀劍；鋒利無比；以點蒼雪水淬之，極硬，磨三月，光鑑人影，出鞘而寒生；吹毛可斷，可削銅鐵而刃不傷；鳳製十鐸、十刀、十劍；又造十劍十刀，更以北天殞鋼鑄殞鋼劍八，色烏黑，	精綿鐵可能就是從生鐵到熟鐵，再千錘百煉成鋼的過程。整個工藝流程講的很實際。「製工極精」，質量極好。又「鞘有象皮、蟒皮，鑲以寶石、金箍，金柄精湛」，不愧堪稱「無價之寶」。

清理冶爐，見爐底有青鐵，重於常鐵倍。試取製刀，十日始熔，曰「爐底鋼」，色青黑。以點蒼雪水淬之，極硬，磨三月，光鑑人影，出鞘而寒生。羅鳳試之，吹毛可斷，可削銅鐵而刃不傷。鳳製十鐸、十刀、十劍。鐸刀賜二十軍將。劍儲內宮，為鳳配劍。至段氏得天下，又造十劍十刀，更以北天殞鋼鑄殞鋼劍八，色烏黑，硬無比，可削玉，為國王佩劍。後大理國與宋通，以馬鞍山、銀生廠二地鐵鍊鋼鑄劍，世稱爨刀、蠻劍。宋以重金購之。忽必烈入大理，得南詔刀四、劍二、段氏劍三，皆珍寶。南詔劍重二十餘斤，而段氏劍重十二斤，刀十八斤，鞘有象皮、蟒皮，鑲以寶石、金箍，金柄精湛。又有女兒劍，為歷代南沼、段氏宮廷后妃、公主用劍。劍長一尺六，寬兩指，曰「女兒劍」，製工極精。段氏史載：女兒劍一劍值千金，中以段思良劍工仇鳩良製劍火工第一。洪武平滇，於段府得大小十三，

硬無比，可削玉，為國王佩劍；

鐵鍊鋼鑄劍，世稱爨刀、蠻劍；

得南詔刀四、劍二、段氏劍三，皆珍寶；南詔劍重二十餘斤，而段氏劍重十二斤，刀十八斤，鞘有象皮、蟒皮，鑲以寶石、金箍，金柄精湛；

劍長一尺六，寬兩指，曰「女兒劍」，製工極精；

女兒劍一劍值千金；

沐英得五劍，賜余一。果刃可吹髮削鐵，曰「雪峰」，蓋南詔晟豐佑鑄雙劍，淬火於雪峰巔，極硬。磨劍，半載始成。原劍鞘年久損。段

		中有殘缺四劍，內女兒劍二為藍玉所取。沐英得五劍，賜余一。果刃可吹髮削鐵，曰「雪峰」，蓋南詔晟豐佑鑄雙劍，淬火於雪峰巔，極硬。磨劍，半載始成。原劍鞘年久損。段正明用此劍配新鞘，以原寶石鑲於金鞘，無價之寶。徐進後得一女兒劍，賜其女鳳玲。後沐晟取玲為室，平麓川思叛，一代巾幗將門虎女。事平歸住余家，余為其書歸師，余題詩：「白馬雕弓楊柳腰，巾幗阿玲分外嬈。鸞佩叮噹女兒劍，沙場廝殺有奇招。得勝歸來拉郎手，三軍面前嗔撒嬌。將門虎女婀娜影，花前月下更風騷。」	正明用此劍配新鞘，以原寶石鑲於金鞘，無價之寶。	
116	段正興闢馬市	……正興幼善武，喜擊技。……馬市萬商雲集，多為湖、廣、川商販，以絲綢、書紙、筆、硯、胭脂、花粉、人參諸飾品，以物易南中驃馬、象牙、犀角、鹿茸、山貨、藥材、刀劍，馬市長達二十餘日。	正興幼善武、喜擊技； 刀劍；	段正興也擅長武術，尤其喜歡技擊術。

120	蒙段四畫師	……又以刀戈鐵棍補之。……於皇宮祖殿繪《太祖文武皇帝受禪圖》，……現存張勝溫畫《達摩坐禪圖》，無為寺達果大師愛而贈之，無為寺供養此畫於祖師座。	刀戈鐵棍；文武皇帝；《達摩坐禪圖》；	將達摩祖師坐禪畫像供奉於無為寺。
123	元滅後大理國	……蒙古兵善騎射、馬刀，揮師二十七萬，中有回回部五萬餘，驍勇無敵，所向披靡。	善騎射、馬刀；驍勇無敵，所向披靡；	蒙古兵擅長騎射和使用馬刀，其中即有回回兵驍勇無敵。
125	大理國崇佛	……思平立國曰大理，稱文武皇帝。……國中傳武、讀書之地。	稱文武皇帝；傳武；	皇帝本身就文武全才，而且在國內專門設立傳武之地。
129	遺緣大比丘	遺緣大比丘，少孤，出家長安延興寺。……北支為釋喬達摩六祖大梵悟禪為參禪宗，為王室大臣學經練武地。	達摩；練武地；	達摩即少林武術的祖師；設王室大臣練武之地。
130	壽海大法師	壽海大法師，羊苴咩人。……把金戈化玉帛，把刀劍鑄佛身，……	刀劍	對壽海大法師的讚譽
133	大德比丘	大德比丘，……大德精武，善演陣，與思平深交。俗時著有《南詔兵典八卷》，分兵論、陣法、地勢、技法，遍羅南詔歷代軍將用兵、刀、槍、劍、鐸諸技騎射。	精武；演陣；用兵、刀、槍、劍、鐸諸技騎射；	說大德比丘即精通武藝，又擅長刀兵陣法，確實是一位將才。

134	海德大禪師	海德大禪師。……海德善武……	善武	說海德大禪師擅長武術。
136	圓贊頭陀	圓贊頭陀。……因贊擊技超群，而聘為武師，傳技八百羅漢兵。葉榆諸官皆以子弟投其門下。	擊技超群，而聘為武師，傳技八百羅漢兵；皆以子弟投其門下；	因圓贊頭陀擊技超群，成了武教頭，不但傳授有「八百羅漢兵」，而且還使許多葉榆官員拜其門下學藝。
137	法緣大比丘	法緣大比丘，宋人，徽宗初入大理。……博覽三藏，得瑜伽大法，能坐禪百日。並與和譽講一「空」字：「佛、道諸法皆有法。法之顯應為實，稱為實相。一切實相本緣於空，洞則空也。空虛如洞，如夢如幻。法有非有，法無非無。如瑜伽大法之懸浮。人本實相，而實出於空，空為法之始。……法緣為和譽展示瑜伽懸浮淨瓶大法，繼辟穀禁食百日於法堂，國人觀者不絕。百日期滿，法緣神態依舊。	得瑜伽大法，能坐禪百日；瑜伽大法之懸浮；辟穀禁食百日；百日期滿，法緣神態依舊；	懸浮應該就是身體可以克服重力騰空數秒以上；辟穀禁食可達百日，而且神態依舊，真是了不起。

139	了塵大比丘	了塵大比丘，段興智叔。……了塵善武，曾著有《兵略九拳七劍技》，包羅蒙段諸技之精華。與中原諸名家相比，招式狡點。該書十七卷，皆圖訣，藏於段平章府。	了塵善武，曾著有《兵略九拳七劍技》，包羅蒙段諸技之精華。	《兵略九拳七劍技》這部著作，還是第一次見於記載，內容如何尚且不知。
150	段氏考制	……該寺又為文武百官演武、習武考試地。文官考諸官子弟經文、治國諸政事、作文、面背誦經文。武者演武，與寺中高僧比試，強者按等次授官，分往諸軍衡其藝而用。	文武百官演武、習武考試地；武者演武，與寺中高僧比試；	習武、演武、考試、按等次授官職，不但形成了制度，而且還有專門的地方。
163	段氏名曲《錦江春》	……與十歲學琴笛皆精，惟怕習武，母嬌之。	習武；	也有不喜歡習武的，這很符合實際。
167	水神祠	……蟒王見阿虎背綁四飛刀，畏而不敢吞食阿虎。阿虎善射，取二弩箭，射蟒王雙目，果射中。	阿虎背綁四飛刀；阿虎善射；	說明阿虎武藝精湛、射法高超。
171	蒙古人崇道	……至元末，武當玄素等入南中，居點蒼斜陽，授以陰陽周易。以內丹之說，外氣巧運循環始復而授人。……而玄素神龍之現，時來時去。	玄素等入南中，居點蒼斜陽，授以陰陽周易。以內丹之說，外氣巧運循環始復而授人。而玄素神龍之現，時來時去。	武當玄素就是武當張三豐，授人以陰陽周易、外氣巧運循環始復的養生長壽之道。

186	明初高僧喜寓大理	……僧中亦有東倭僧八人，皆精漢學，亦能詩文，居弘聖寺。中僧天祥詩詞皆精，常與葉榆諸士相和。天祥崇武，常與余論諸子兵法。……又有一大力僧，可舉千斤之石如兒戲。一日，有事至大理總兵府會周能，門衛不許，其人而恕。把門獅二隻，皆重兩千多斤，抬至百步外，放於一酒家鋪門兩旁而出城。門衛驚，出城苦求之，認過，方抬回衙門口。	有東倭僧；天祥崇武；一大力僧、可舉千斤之石如兒戲；	提到了日本僧人，也說道僧人天祥也崇尚武藝，又記載了一位力氣非常大的僧人「可舉千斤之石如兒戲」的故事。
198	沈萬三秀戍德勝驛	……萬三時年六十餘，崇道，通奇門。洪武二十六年，張三豐玄素道長知萬三寓德勝驛，而雲遊龍關，至驛館與萬三會。……蓋三豐道人本萬三師，萬三年暮，願隨師靜修，余許之，隨三豐主持靈鷲觀。余每年常至其所，十分清靜，但江水淘濤躁耳。三豐曰：「人道者，聞聲而不聞，驚雷亦平常耳。」萬三常與三豐遠遊。三豐精周天太極，萬三亦然。劍技之精，前無古人。余素好武，得	張三豐玄素道長；三豐道人；隨三豐主持靈鷲觀；三豐曰；與三豐遠遊；三豐三豐道人，萬三亦然。劍技之精，前無古人。余素好武，得其傳三百八十四劍罡步，久練而輕身。	說明張三豐是沈萬三的師傅。這裡稱「三豐道人」，非常實際，一點誇張、神話的意味都沒有。也明確說明張三豐「精周天太極」「劍技之精，前無古人」，傳三百八十四劍

		其傳三百八十四劍罡步，久練而輕身。萬三每月必至驛中，余無事則與其談古論今，始知其學識之精。後應文和尚入雲南，程濟、王升二道人保應文僧常至靈鷲觀……		罡步，久練而輕身。
200	沐春妹鳳嬌	余每入省城西平侯府報事，常入內院拜嫂。嫂有女鳳嬌，自幼與其兄沐春同時習武，拜師大雲高僧，精劍法。與其同習者方政女惠玲，常與沐春對打，而兄不敵妹。洪武二十八年春，遊昆明西山，有惡少二十餘眾，路遇鳳嬌、惠玲騎馬遊西山。見二人美豔而攔馬調笑，出言輕薄，不知二人為西平侯與方總兵女。有二惡少至馬前，扯二女裙。二女怒踢惡少於丈外，皆骨折。瞬間，二女以飛腿踢翻二十餘惡少，皆斷其腿手。後始知二女本將門虎女。至此，二女名聲遠播。二女得大雲傳飛簷走壁輕功絕技，常隨師遊，喜打抱不平。後鳳嬌兄沐春平緬，染瘴疾而病故。靖難，建文蒙塵，以正宮皇后穿帝衣冠，抱靈裝帝	嫂有女鳳嬌，自幼與其兄沐春同時習武，拜師大雲高僧，精劍法。與其同習者方政女惠玲，常與沐春對打，而兄不敵妹；二女怒踢惡少於丈外，皆骨折。瞬間，二女以飛腿踢翻二十餘惡少，皆斷其腿手；二女得大雲傳飛簷走壁輕功絕技，常隨師遊，喜打抱不平；五女皆習武，歷來不讓鬚眉；	說鳳嬌、沐春、惠玲都是從小拜師學藝，不但身懷絕技，而且好抱打不平，並講二女怒踢惡少的故事；同時也說鳳嬌、惠玲、線陽、文婕、瓊華五女都是習武的俠女，歷來巾幗不讓鬚眉。

		焚於宮中。而帝得出水門，逃至沐府而隱獅山。馬氏告發而鳳嬌、惠玲報信，方脫逃。後二女與沈萬三女綠陽，暗護應文和尚遍遊各地。二十餘載無一出嫁，每至德勝驛，必居驛中。余女文婕、僧奴孫女瓊華，與三女為結拜姊妹。相處和睦如親生，而五女皆習武，歷來不讓鬚眉。		
205	自跋	余自洪武壬戌春入滇，事平，封疆於三迤要道德勝關，為天威徑鎮撫使，隸屬於雲南總兵西平侯沐英部下。余纓胄世家，自唐宋以來，多有冊封，文韜武略十六代。自達子元胡滅宋，誓不為官，耕讀於江寧，歷四代。余十七投筆於定遠軍，與義兄沐英有入拜之交，隨高帝轉戰四方十八載。	文韜武略十六代	李浩講他們家族已「文韜武略十六代」。

《淮城夜語》（明）玉笛山人著

著者簡介：李以恆字靜瑛，自號玉笛山人。正德二年（公元 1507 年）生，曾中舉，官泰州紀善，任滿回德勝驛。他父親李清元病故後，於嘉靖三十八年（公元 1559 年）襲父職天威徑鎮撫使。他自幼喜愛音樂詞賦，曾當任「三元洞經社」總管事和第二任社長，他喜吹祖上得自大理國時期的玉笛，自號玉笛山人。李靜瑛還整理了大量陳玄亮傳下的洞經譜，把家藏歷代古琴曲譜譯為工尺譜。他的著作有《淮城夜語》、《宦海見聞錄》，整理資料有《南中雅樂》、《五華樓、德勝樓圍鼓詞曲牌》。《淮城夜語》是一部上下兩冊十六卷故事體裁為主的手稿，書寫於類似宣紙的竹質紙。

書抄頁碼	書中題目	內容摘錄	與武術有關的詞語	淺識
219	林劈佛	……林俊，番禺人，崇道習武。……後人稱林俊為林劈佛，作惡有報，終為無為寺武僧所除，報應不爽。	崇道習武；無為寺武僧；	再次證明無為寺和少林寺一樣有「武僧」。
222	天寶軼事	……至此，閣羅鳳外聯吐蕃。國人年十四至五十皆習武。	國人年十四至五十皆習武	似乎全民習武，成了一項國家制度，至少國家有尚武之風。
226	青木林萬人冢	永樂初，王義婿余祖李浩屯軍德勝驛……後編沐英部，能文善武，為軍中司文。……回部多巧匠，所製刀戈鋒利，銀器精細，善經營。	能文善武；刀戈鋒利	主要說回部多巧匠，所製刀戈鋒利，銀器精細，善經營。

230	散騎侍郎	……柯為段寶族弟，元滅，出家崇聖寺，受比丘戒。幼聰慧，出家五載，講諸經，能文善武，人多敬之。	能文善武	説柯「能文善武，人多敬之」。
232	巧珠	……五年後，汝等可執閣羅風五年前所贈銷劍，詔王必引見。	所贈銷劍	銷劍可能是一種劍的名稱。
244	朱子貞	……一金甲神，手執大刀曰：「沐將軍隨我而上。」……建李將軍家為空家，得一佩劍。	手執大刀；得一佩劍；	「手執大刀」「隨我而上」是很形象的描述。
250	兵曹參軍事伍文通	……吐蕃兵驍勇，善騎射……手執戈矛，飛跑格鬥如沙場衝殺。	驍勇、善騎射；手執戈矛、飛跑格鬥；	吐蕃兵「手執戈矛，飛跑格鬥如沙場衝殺」英勇善戰。
257	遊魂崔群喜交遊	崔群，名永建，東都人。少年喜遊，好擊劍，玉笛山人曰……余祖李公諱浩，精文研武。	好擊劍；精文研武	擊劍應該是指擊劍格鬥運動。
274	海神嫁女	……阿曲本沙壺生第九子，善騎射。	善騎射	擅長騎馬射箭。
276	十八王妃	……國中男人十五必考騎射。	國中男人十五必考騎射	國家似乎規定男子15歲考試騎馬射箭的本領。

283	龍宮 鐵券	大理國初，文武皇帝段思平……贈三寶曰：「一曰黃龍劍，二曰紫宮演法秘錄，三曰龍宮鐵券。此三寶，未來將為吾子傳國用。」思平長，智勇過人。……思平隱匿十餘載，靜心習武，狩獵為生。一夕，宿品甸大村，得神戟。	文武皇帝段思平； 黃龍劍； 智勇過人； 靜心習武； 得神戟；	文武皇帝段思平不但視黃龍劍為寶物，而且「隱匿十餘載，靜心習武」。
286	宏修 大師	段思平子段思英，母楊桂仙，通紫宮妙法，習文善武……習文尚武。 ……宏修善武闢演武場。皇室子弟均到寺中習武三載，執黃龍劍，佐國輔君。 ……宏修五遊中原，善交往，喜詩詞，著有《宏修空門夢悟詩集》、《黃龍金戈劍道》二十四卷，為無為寺密藏寶鑑。	習文善武； 習文尚武； 宏修善武，闢演武場； 習武三載，執黃龍劍； 著有《黃龍金戈劍道》二十四卷	《黃龍金戈劍道》二十四卷，為無為寺密藏寶鑑，應該是極有價值的《武經》，內容一定不錯，可惜不能見到，確是憾事。
289	秉義 和尚	秉義僧，俗名素隆，大理國第九帝王。……秉義精武，選八百精兵為羅漢軍，闢無為寺為傳武聖地。	秉義精武； 傳武聖地；	選八百精兵為羅漢軍，闢無為寺為傳武聖地。可見大理國第九帝王，多麼重視軍人武藝的訓練。

293	高昇泰稱大中國皇帝	……泰幼聰慧，拜無為寺正元大和尚為師。七歲學文練武，屢立功。	學文練武	高昇泰稱大中國皇帝，他從七歲起就練習武術，而且多次立功。
303	僧達智	鄧川人，九歲出家無為寺，為無依禪師第一高徒。無依武功蓋世，為少林南宗傳人，雲遊天下，見無為寺地靈鍾秀，臥虎藏龍。慕無為寺了塵禪師奇功，交手三日，無勝負。為了塵挽留，住持龍苑院。了塵圓寂，為當家師，收弟子二人，即達智、達果。無為寺自南詔以來，為習武重地，精於刀劍、戈戟、棍棒，而無依輕功、羅漢刀、奇門拳功夫獨到，惟達智得襲南中歷代功夫，及無依所傳少林南支功法集於一身者，達果略次，後圓寂於洪武十八年。	武功蓋世；少林南宗傳人；慕無為寺了塵禪師奇功，交手三日，無勝負；無為寺自南詔以來，為習武重地，精於刀劍、戈戟、棍棒，而無依輕功、羅漢刀、奇門拳功夫獨到；少林南支功法；	無依武功蓋世，為少林南宗傳人，輕功、羅漢刀、奇門拳功夫獨到，所傳少林南支功法集於一身，與了塵禪師交手三日，無勝負，記載很詳盡。
304	僧無極	……無極善詩文，為南中七子之一，與楊安道、楊桂樓、段寶姬、達果、繼白居士、沈萬三、玄素道人、程濟、應文和尚交往密，多詩詞應和。無極喜松，寶姬居士好蘭，達果	玄素道人；玄素於大內；	說無極也與張三豐交往甚密，和張三豐一起受「洪武密召之，為皇孫謀策」。

		好竹，繼白好梅而善於丹青，皆南中四絕。應文即建文帝，靖難出死門，隨師無依，龍潛觀音山蘭若寺，曾於洪武十六年聽無極講經於大內。洪武二十四年，二次入京，薦無依、玄素於大內。洪武密召之，為皇孫謀策，而備僧衣缽於密匣。後宮廷亂起，建文攜二輔臣，入南中隱遁，皆得無極先見，說服南中雅士暗助之。永樂四年，圓寂於大雲閣，建寶幢於寺西二里。		
305	僧普照	幼出家佛國寺，拜了塵大禪師，受比丘戒。元至正年中，入雞足山謁師伯了劫。了劫精諸武術，尚劍術，密傳之十二門劍法，精絕。三年功成，於點蒼斜陽峰建靜心禪院，與大理總管段功交往密，授五行劍法於段功。……普照護送至邛海……傳劍術於寶姬……拜普照為師。普照傳劍法於母女，皆萬人敵。	精諸武術，尚劍術，密傳之十二門劍法，精絕；授五行劍法於段功；傳劍術於寶姬；傳劍法於母女，皆萬人敵；	先說普照師伯了劫「精諸武術，尚劍術，密傳之十二門劍法，精絕」，「授五行劍法於段功」。後講普照「傳劍術於寶姬」，後來寶姬母女也武功高強，無人能敵。

| 308 | 僧緣循 | ……緣循智慧超群，從師習瑜伽，轉金剛大智法。每練大法，身發旃檀香。入夜，七彩光環繞身，每辟穀則八月，不飲不食，閉目禪合，面似童子，出室喝清泉兩升。後進食至七日，食如常人。而練九環杖，杖重百斤，奔騰縱跳，矯若神猿，可跳越三重高樓。時烏龍山惡虎傷人，緣循知而活擒猛虎，拔虎牙，蛻虎爪，以鐵鏈拴虎於烏龍潭。虎群聞噑，又現三虎，擒之。虎為段總管獲，飼於鐵囚籠，因無牙而難進食，皆斃。又報瓜州渡巨蟒食人畜無數，無計除之，求助於緣循。緣循請工匠製一戒刀，長四尺，重八十斤，以純鋼打製，四人合力磨刀半月，可削銅鐵。至江邊，守巡於洞口。一夕，日西沉，惡蟒出，長五丈餘，粗如巨桶，隨緣憑敏捷縱跳，砍斷蟒項。蟒疼痛滾動，碗粗樹木方圓百步，悉為掃斷。 | 從師習瑜伽，轉金剛大智法。每練大法，身發旃檀香。入夜，七彩光環繞身，每辟穀則八月，不飲不食，閉目禪合，面似童子，出室喝清泉兩升。後進食至七日，食如常人。而練九環杖，杖重百斤，奔騰縱跳，矯若神猿，可跳越三重高樓；活擒猛虎，拔虎牙，蛻虎爪，以鐵鏈拴虎於烏龍潭。虎群聞噑，又現三虎，擒之；製一戒刀，長四尺，重八十斤，以純鋼打製，四人合力磨刀半月，可削銅鐵；憑敏捷縱跳，砍斷蟒項； | 説緣循每練大法，身發旃檀香。入夜，七彩光環繞身，每辟穀則八月，不飲不食，閉目禪合，面似童子，出室喝清泉兩升。後進食至七日，食如常人。而練九環杖，杖重百斤，奔騰縱跳，矯若神猿，可跳越三重高樓；活擒猛虎，拔虎牙，蛻虎爪，可見功夫高超的程度。 |

| 313 | 應文高僧潛隱南中軼事 | ……胡瀅派人檄文至，暗捕建文。知難以棲身，連夜送應文三僧至茅草哨西靈鷲觀玄素道長住所。蓋玄素道長即三豐真人，因受高帝重託，於洪武二十五年朱標太子去世後入滇。為保允炆有退路，保生存，重託玄素、大雲，大雲即無依禪師。皆武技冠天下，智謀超群，歷為太祖敬重。曾預置三僧衣牒藏奉天殿，皆無依先見之計，建文方從死門逃出入滇。次晨，至觀中，玄素款之於靜室。……至十三年秋，隨程濟及玄素三弟子遊於衡山。 | 玄素道長住所；玄素道長即三豐真人；為保允炆有退路，保生存，重託玄素、大雲，大雲即無依禪師。皆武技冠天下，智謀超群，歷為太祖敬重；玄素款之於靜室；玄素三弟子遊於衡山； | 應文就是逃亡的建文皇帝朱允炆，受到了張三豐的庇護。也明確說明「玄素道長即三豐真人」，因受高帝重託，保允炆有退路，保生存。並說他和無依禪師一樣，都是「武技冠天下，智謀超群，歷為太祖敬重」。 |
| 320 | 雲池道人 | 雲池道人鍾慶和，西蜀人。元初入大理，時年十九。時，大理總管段忠招募教練，設擂於點蒼三月神社廟會。以八將守擂，打擂三天。大理路諸官兵上台打擂，兩百餘人皆敗。至第五日，晌午，一蒙古牙將道吉攻破五關，獲金五錠。至第六關，守關將高士傑為雲南高氏後代，精南中諸拳棍，屢戰立奇功，居大理路諸將之 | 設擂於點蒼三月神社廟會。以八將守擂，打擂三天；諸官兵上台打擂，兩百餘人皆敗；一蒙古牙將道吉攻破五關，獲金五錠；高士傑為雲南高氏後代，精南中諸拳棍； | 對廟會打擂台記載甚詳，並講「行台打擂，兵家常事。打者雙方難免傷折，上擂本自願」。作為武術更為貼切的記述為「至第六關，守關將 |

三。與道吉交手至日落前，突改拳路，以南天擒魔拳擊道吉。一拳出手，中道吉，肩骨碎折，垂死。蒙古營兵四百，知主將下擂骨折，群起執械與段忠部將打鬥，難分解。突一道士，年少秀質如美女，以奇法制，雙方爭者突手足無力，癱軟難鬥。脫道吉上衣以藥敷之，霎時道吉甦醒。又以一藥丸餵道吉，食而痛減，曰：「無事。行台打擂，兵家常事。打者雙方難免傷折。上擂本自願，現傷者將無礙，勿再爭。」言畢施法，眾解。段忠請道士入府，盛待之。知道士為峨眉山白雲觀冷冰道長弟子，雲遊至點蒼。自幼隨師採藥行醫，喜劍術，煉丹劍，忠願識劍。鍾慶和曰：「劍本元氣，無形，使用則氣出如絲，外纏光華如虹，可於百步傷人。」言畢，庭中有二丹桂，鍾慶和氣出如絲，纏二丹桂，葉落如雨，立盡，枝枒全削盡。忠贊曰：「五百餘年間，點蒼多奇人，博廣異術，無此

與道吉交手至日落前，突改拳路，以南天擒魔拳擊道吉。一拳出手，中道吉，肩骨碎折，垂死；知主將下擂骨折，群起執械與段忠部將打鬥，難分解；

以奇法制，雙方爭者突手足無力，癱軟難鬥；

自幼隨師採藥行醫，喜劍術，煉丹劍，忠願識劍；

鍾慶和曰：「劍本元氣，無形，使用則氣出如絲，外纏光華如虹，可於百步傷人。」教奇門遁甲、吐納諸法，皆身輕如燕，行於流水而不沾濡衣。精歧黃，施藥

高士傑為雲南高氏後代，精南中諸拳棍，屢戰立奇功，居大理路諸將之三。與道吉交手至日落前，突改拳路，以南天擒魔拳擊道吉。一拳出手，中道吉，肩骨碎折，垂死。蒙古營兵四百，知主將下擂骨折，群起執械與段忠部將打鬥，難分解。」被講的活靈活現，歷歷在目。

異功。天地之大，無所不存。」忠問：「願為官否？」和曰：「山野之人，志在修真，戒與人爭，無富貴榮華，老在山水。」忠曰：「點蒼甲秀，吾敬道長人格高潔，願道長留居點蒼。自古釋道二家，高人輩出，均有自主寺觀。吾願捐地一塊，建道觀一座，道長有一棲身之所，再遊三山五嶽。每歸，吾將常相會，可否？」鍾慶和諾，建玄機觀於清碧溪龍池東南，自號雲池道人。收弟子二人，皆葉榆世胄子，取名陽合子、玉合子。教奇門遁甲、吐納諸法，皆身輕如燕，行於流水而不沾濡衣。精歧黃，施藥濟民。鍾慶和常雲遊四方，歷四十餘載，依然貌似少年。眾知鍾已得延年長生術。至正年，曾與段功交往密。功歿，嘆曰：「吾當遠去矣！世人再無知音人。」後不知所終。後楊桂樓遇陽合子於帥府，並拜陽合子為師。陽合子授黼奇門法數。	濟民。鍾慶和常雲遊四方，歷四十餘載，依然貌似少年。眾知鍾已得延年長生術。

| 322 | 張玄素
入點蒼 | 張玄素，遼東懿州人，生於元初，乳名全一。元初入學，取名通。才智超群，博學經史，過目不忘。入仕，淡功名，喜清閒林下。先生身材高大，龜形鶴骨，大耳方頤，青髯如戟。初拜碧落宮白雲長老為師，悟修身之道。後遇全真道士邱處機，傳吐納而悟。辭家遠遊，學道於火龍真人，得延年術。後至寶雞金台山，精研道學，號三豐道人。道成遊天下，至武當，結篷於玉虛台，精研太極，創武學，自成一家。以陰柔陽剛、剛柔兩儀四象而創太極三功，即內丹太極劍三百八十四招，太極兩儀拳三百八十四拳，陰陽太極掌。至正年，玄素入滇，與點蒼中峰玉皇閣道長陳玄子識。留居一載，與段總管識，成忘年交。玄亮與玄素同一師門，談甚默契。玄亮將玄素著經《上聖靈妙真經》、《大聖靈應真經》、《大聖靈通真經》，配以絲竹，曰《三玄妙談經》，由玉皇閣十八道士、段府十六樂工共習，談演於五華樓。 | 張玄素，遼東懿州人，生於元初，乳名全一。元初入學，取名通。才智超群，博學經史，過目不忘；先生身材高大，龜形鶴骨，大耳方頤，青髯如戟；後至寶雞金台山，精研道學，號三豐道人。道成遊天下，至武當，結篷於玉虛台，精研太極，創武學，自成一家。以陰柔陽剛、剛柔兩儀四象而創太極三功，即內丹太極劍三百八十四招，太極兩儀拳三百八十四拳，陰陽太極掌。至正年，玄素入滇；玄亮與玄素同一師門； | 此為專門記述張三豐，基本上與《明史·方伎傳》《明史稿·建文帝本紀》《明史稿·胡濙傳》是一致的，甚至更為詳盡，譬如說張三豐「精研太極，創武學，自成太極劍三百八十四招，太極兩儀拳三百八十四拳，陰陽太極掌。」「壽二百餘」「藏武經四卷」，其拳術表現為「形柔態美，氣布全身。一旦遇敵，拳力暴發，排山倒海」。這就是最典型的太極武功， |

更何況，各門派太極拳直至今日還尊張三豐為祖師。所以說，《書鈔》有關張三豐的真實記述，可以起到太極拳史正本清源的作用。

玄素傳拳劍於段氏二子一女，及玄亮弟子靜超、靜遠；建文出走入雲南，玄素派弟子與點蒼段氏、楊氏、張氏子女，西平侯沐氏女共暗輔之；玄素行蹤如風似雲，壽二百餘，依然童顏不改。食則斗米，葷素兼食，無口戒。閉關可十月滴水不沾，不進飲食；詩集《無根樹》五百餘，皆煉丹度世；其遺物遺稿存於靈鷲觀楊元鼎、鄭元春處余多次遊靈鷲觀，於其五代傳人守銓處觀諸詩稿，抄詩百二十首。守銓示一木匣，藏武經四卷。

葉榆四千餘軍庶，聆聽於樓下，由朝至暮，無一退者。至此，靈妙大洞仙音始為世人識。玄素傳拳劍於段氏二子一女，及玄亮弟子靜超、靜遠。後返武當。洪武二十六年，與雞足山無依禪師至點蒼，為洪武皇孫事重託，定居點蒼，建靈鷲觀於茅草哨西，收弟子四人。建文出走入雲南，玄素派弟子與點蒼段氏、楊氏、張氏子女，西平侯沐氏女共暗輔之。與應文僧常遊中原，歷二十八年。玄素行蹤如風似雲，壽二百餘，依然童顏不改。食則斗米，葷素兼食，無口戒。閉關可十月滴水不沾，不進飲食。出室則遠遊，歸則講道傳教。著經立說，寫《寶懺經》五部，皆度世論述。詩集《無根樹》五百餘，皆煉丹度世。常與沈萬三及女線陽居士、楊黼同遊。常題詩三迤諸寺觀牆壁。後入雲州，居天池。成化年羽化，其遺物遺稿存於靈鷲觀楊元鼎、鄭元春處。余多次遊靈鷲觀，於其五代傳人守銓處觀諸詩稿，抄詩百二十

		首。守銓示一木匣，藏武經四卷。余家雖世代千戶，貫使長械，守銓與余摯交，授余拳術，形柔態美，氣布全身。一旦遇敵，拳力暴發，排山倒海。余勸守銓傳余姪。銓曰：「祖師有言，武經只傳一脈。除非本門當家弟子全傳，不傳外人。」祖師另一留言：「不許立碑立傳，以免暗保建文事露，患殺身災禍。」觀中有密窖，中有石匱，諸經藏其中，外人莫知。	余家雖世代千戶，貫使長械，守銓與余摯交，授余拳術，形柔態美，氣布全身。一旦遇敵，拳力暴發，排山倒海。余勸守銓傳余姪。銓曰：「祖師有言，武經只傳一脈。除非本門當家弟子全傳，不傳外人。」祖師另一留言：「不許立碑立傳，以免暗保建文事露，患殺身災禍。」	
324	程濟道人	……濟魁梧，精劍術，行必背劍。善卜，知人休咎。來往於浪穹應文和尚住所。每逢應文出遊，必隨行，與玄素等暗護之。濟喜棋藝，常與蘭室居士對弈。雞鳴，練武於天威徑覽月台。劍法之精，疾如風狂雨驟，緩似龍飛鳳舞。善書法，狂草龍蛇，為迤西一絕。	精劍術，行必背劍；與玄素等暗護之；雞鳴，練武於天威徑覽月台。劍法之精，疾如風狂雨驟，緩似龍飛鳳舞；	程濟道人精通劍術，與張三豐等人一起諳護建文。他練起劍來「疾如風狂雨驟，緩似龍飛鳳舞」。

332	藥王 杜清源	……善飲，嗜酒如水，醉則酣睡，大醉七日方醒，醒則舞劍，如游龍蜿蜒，曰「醉仙劍」，為段家世傳劍技。寸明初，徐總兵八部將與清源搓議劍法，戲鬥。清源以蠻竹片為劍，與諸將鬥。盞茶時，八將皆被清源點中腕穴，棄劍於地。諸將問其因，源曰：「學醫必通人體諸穴，通則必準。體穴道，生死一絲間，以針灸治人，生死深淺一分，誤則庸醫殺人不填命。然而神醫不過心細而已。習武亦如是，精曉人體諸穴，點穴小技也。萬事一理，久練則精。」	醒則舞劍；曰「醉仙劍」，為段家世傳劍技；與清源搓議劍法，戲鬥。清源以蠻竹片為劍，與諸將鬥；被清源點中腕穴，棄劍於地；習武亦如是，精曉人體諸穴，點穴小技也。萬事一理，久練則精；	這裡特別提到「醉仙劍」，段家世傳劍技。而且講到用劍點穴的事「精曉人體諸穴，點穴小技也」。
336	廟祝 杜文相	杜文相，段參政外孫，……入夜，見長髯廟祝練武於閣前，藝之精純，大將難敵。相好武，拜廟祝為師。阿桂與相指佛為媒，與長髯公共習武於海印七年，生一女。射術之精，射飛鳥如兒戲。劍術之精，古髯公紅拂之技也。 ……永樂初，文相歸海印。一夕，桂樓居士攜二老僧、一壯年僧至。知來者即建文帝與葉希賢、楊	練武於閣前，藝之精純，大將難敵。相好武，拜廟祝為師；共習武於海印七年；射術之精，射飛鳥如兒戲。劍術之精，古髯公紅拂之技也；舞劍於庭；武技；	説杜文相「射術之精，射飛鳥如兒戲」「劍術之精，古髯公紅拂之技也」即像他的師傅廟祝「藝之精純，大將難敵」。

		應能，夫妻盛款之。酒酣舞劍於庭，並示鄧通珍藏兵書二卷。建文嘆曰：「紅巾多高人，可惜棟樑之材不為國用，皆誤投其主。」文相有奇技，隱身歸林下。朝中將帥武技何及一廟祝，自古點蒼多奇人，耳濡目睹，果然如是。建文題詩於壁：「月照蒼海夜鷲飛，水拍海印鈴聲悲。不聞宮中梧桐雨，南中銀華瀉天心。寒鴉也感吾長嘆，輕啼老樹已三更。星移斗轉年復年，游潛南中不知春。」文相合詩曰：「古寺煙薰火燎，來去遊客多少。海印也能潛龍，你我喝個醉倒。」		
338	煙波道人	煙波道人趙德冰，趙州人。幼放牧青龍山，羊被豹銜，摯棒與豹鬥，豹斃棒下而勇名揚。	摯棒與豹鬥，豹斃棒下而勇名揚。	煙波道人趙德冰，能摯棒與豹打鬥，使豹斃於其棒下。
342	玄真觀雷神殿與火神殿	……線陽本紅拂輩，自建文入浪穹，與建文交往密。線陽父萬三，本張玄素弟子，素居茅草哨靈鷲觀。……蓋線陽女為座上客，常談文論武而樂。	本張玄素弟子；常談文論武而樂；	説沈萬三是張三豐的徒弟，他的女兒沈線陽也是女中豪傑，常以「談文論武而樂」。

| 349 | 鐵雨可鑄劍 | 大理國乾貞篡位，七月十八，沙坪流星如雨，落地有聲，歷時至次晨，死二行人，數日平靜。好事者往觀之，皆碎鐵，重於常鐵而更重。軍民紛往尋之，以櫟炭扯煉而搓熟鑄刀劍，淬火，精磨數十日至百日始成。鋒利無比，可剁常鐵。大理國段思平滅大義寧國楊氏，得雨鐵八十餘斤，請鑄劍匠諾玉廣平鑄劍四柄，曰「黃龍」，曰「金雀」，曰「松鶴」，雙劍曰「鴛鴦」，儲於內宮。段思英出家無為寺，帶走黃龍劍，至今乃存無為寺。余與洗塵大師為知交，常觀此劍，寒光射影。誰知此劍斬奸除惡百二十有七，為鎮寺傳法之劍。寺有《劍譜》二卷、《劍法》二十五套，各有劍訣。可惜余雖世襲軍籍，習刀戈以實戰，而不喜劍法。家有干貞鑄劍一口，得於平元之戰，因忌其歷代殺人過多而置於後屋，家居萬人冢邊，以此鎮邪耳。 | 以櫟炭扯煉而搓熟鑄刀劍，淬火，精磨數十日至百日始成。鋒利無比，可剁常鐵；
請鑄劍匠諾玉廣平鑄劍四柄；
常觀此劍，寒光射影。誰知此劍斬奸除惡百二十有七，為鎮寺傳法之劍；
寺有《劍譜》二卷、《劍法》二十五套，各有劍訣；
習刀戈以實戰，而不喜劍法。家有乾貞鑄劍一口，得於平元之戰，因忌其歷代殺人過多而置於後屋，家居萬人冢邊，以此鎮邪耳。 | 鐵是活潑金屬，一般有兩種辦法可以得到，一是從自然界的鐵礦石中提煉，再一個就是直接來自宇宙，即地球以外，流星沒有燒盡，落到地球上的隕鐵，這裡的「鐵雨」指的就是這個，所以說隕鐵鑄劍，應該是真實不虛的。這裡的記述即實際又詳盡「流星如雨，落地有聲」、「皆碎鐵，重於常鐵而更重」「以櫟炭扯煉而搓熟鑄刀劍，淬火，精磨數十日至百日始成。鋒 |

				利無比，可剁常鐵。」此外，「寺有《劍譜》二卷、《劍法》二十五套，各有劍訣」也是以往少有的記載。
350	大鼻叫化	明正德初，德勝驛萬人家邊來一大鼻叫化，年約四十，兩目深陷有凶光，背負劍……化子拔劍與蛇鬥，矯捷如猿，身輕似鳥。至此眾方知其武技之精，當世不多……得學武、學醫……喜唱化子歌……出門提根打狗棍……	背負劍；拔劍與蛇鬥；矯捷如猿，身輕似鳥。至此眾方知其武技之精，當世不多；學武；提根打狗棍；	叫化常背插劍、手提打狗棍，以防身，很形象，動起手來又「矯捷如猿，身輕似鳥」，彷彿即在眼前。
366	空心樹僧	……了塵，大理望族趙氏子，幼喜習擊技，為平章麾下軍校。……時張玄素、沈萬山、無依道長、弘修師太聞訊而至…… ……永樂知建文與西平侯屯滇部將交往密，派胡瀅探之，故瀅訪遍崇聖寺、弘聖寺，五上蕩山寺，三上雞足山，均無建文下落。一日，瀅問空心樹	幼喜習擊技；張玄素；	應光就是了塵法師，也即空心樹僧，與張三豐、沈萬山、無依道長、弘修師太都是精通武術的好朋友，共保建文，「實則空心樹實為

		僧：「常駐山間，是否見二老僧與一方頭大耳大口，鼻翼側有一黑痣，痣上有毛和尚出現於此？」應光曰：「五年前我於八百媳婦國見如是三僧，金陵口音，曰將出海西洋遊，有事將永居西洋。」至此胡濙返京奏永樂。蓋永樂派三保太監出使西洋，其心實為一箭雙鵰，明訪西洋而暗除建文，國是家非孰能解之。應光七十六，圓寂於蕩山寺。		建文帝大理接頭之地」。「至此胡濙返京奏永樂。蓋永樂派三保太監出使西洋，其心實為一箭雙鵰，明訪西洋而暗除建文」。由此證明鄭和下西洋找建文確實為真。
397	周彥	……彥從小尼口中得知蓉姑為洪武某將軍女，保建文帝入滇，有絕技。……妙潔法師本無極法師由京歸時，來自金陵比丘尼，精劍術。	有絕技；精劍術；	蓉姑有絕技，也在保建文。妙潔法師，也是精通劍術的人。
398	伍惠娘	……因武技超群，留余家，為家中管事。知其祖皆仕途，精文尚武，……文奎有女十五，隨父至，人秀美，精詩書，善吟對，精刀劍，皆隨其父學。惠娘幼練輕功，能躍樓簷，輕巧如燕。余老祖常觀其技，每與其交手，皆敗其手下。	武技超群；精文尚武；精刀劍；幼練輕功，能躍樓簷，輕巧如燕。余老祖常觀其技，每與其交手，皆敗其手下；喜刀馬，能開	伍惠娘實乃家傳武藝，名家之後。所以「幼練輕功，能躍樓簷，輕巧如燕」。能開二十八斤鐵弓，武技超群。有人

		……每逢月白風清，與老祖琴箏相合，情投意合。惠娘喜刀馬，能開二十八斤鐵弓。……惠娘生二子一女，皆好武，多立戰功。	二十八斤鐵弓；皆好武，多立戰功；	「每與其交手，皆敗其手下」，她的子女也個個武藝高強，多次立功。
400	點蒼十八郎	明永樂中，……魯大莽……隔一年，大莽乞於驛市津，賣藝漢約其同夥三十餘人，先空手與鬥，後執械與鬥，丐以手中竹杖擋而對攻，皆為其服。驛丞知其武功超群。……大莽見其俊秀聰明，傳其武藝，可力敵十良將，飛簷走壁，十八般武藝遊戲於指掌、拳腳。善彈弓，出子若流星。府驛將士皆敗於其手下。……以奇門劍法…………二牛幼練童子功，從不沾女色……	先空手與鬥，後執械與鬥，丐以手中竹杖擋而對攻；武功超群；傳其武藝；飛簷走壁，十八般武藝遊戲於指掌、拳腳；皆敗於其手下；奇門劍法；幼練童子功；	魯大莽是個乞丐，賣藝漢約其同夥三十餘人「先空手與鬥，後執械與鬥」，大莽「以手中竹杖擋而對攻」，都把他們打的服服帖帖。二牛是個小要飯的叫花，所以「大莽見其俊秀聰明，傳其武藝」，並從小練童子功。所以後來「可力敵十良將，飛簷走壁，十八般武藝遊

				戲於指掌、拳腳。善彈弓，出子若流星。府驛將士皆敗於其手下」。
402	高大鼻子	高大鼻子，大理國高將軍後……而惟留一劍，本其祖高將軍大理國軍將高昇泰，馳騁疆場殺人如麻之劍。余觀其劍鞘，純金打造，上有五色寶石三百六十顆，日下閃閃刺目。劍長二尺八，中厚八分，劍刃實約寸六，色青紫，鋒利沉重。全劍連鞘重二十餘斤。高大鼻酒醉興至而舞之，曰「白鶴劍法」。細觀其劍，劍柄有飛翔白鶴圖。劍法七十二式，有訣刻於一玉珮，高大鼻掛於心窩。西平侯沐氏願以五百金買其劍，曰：「人可窮當花子。」而不賣其劍。高大鼻嗜酒如命，每醉必舞劍如游龍纏身，忽軟如棉，忽重如壓頂泰山，輕重忽緩，井然有序，酒量之大無人能比。嘉靖十九載，時年五十四，酒糟鼻大於常人兩倍，常流清血，曰：「活	惟留一劍；殺人如麻之劍；余觀其劍鞘，純金打造，上有五色寶石三百六十顆，日下閃閃刺目。劍長二尺八，中厚八分，劍刃實約寸六，色青紫，鋒利沉重。全劍連鞘重二十餘斤；曰「白鶴劍法」。細觀其劍，劍柄有飛翔白鶴圖。劍法七十二式，有訣刻於一玉珮；願以五百金買其劍，曰：「人可窮當花子。」而不賣其劍；	即時戰場上的「殺人如麻之劍」，又是「劍鞘，純金打造，上有五色寶石三百六十顆，日下閃閃刺目」，「鋒利沉重」的寶物，誰能不愛呢？劍柄有飛翔白鶴圖，所以叫白鶴劍。劍法七十二式，有訣刻於一玉珮，重金難買。醉必舞劍如游龍纏身，忽軟如棉，忽重如壓頂泰山，輕重

		不成了。」一夕，上點蒼山藏劍，三日後歸，哭曰：「我祖高昇泰、高士官，歷代祖宗皆逞強。惟我大鼻不昌盛，流落街頭花子王，出口就是蓮花落，不知發白月落山。不久將到閻王殿，陰司討飯也好玩。」言畢，入破窯，封門自葬。	醉必舞劍如游龍纏身，忽軟如棉，忽重如壓頂泰山，輕重忽緩，井然有序；上點蒼山藏劍；入破窯，封門自葬；	忽緩，井「然有序」，確實是一大特色。
417	天生關殭屍	……吾這刀，祖上所留，殺人如麻。……於是取鐵弓、九環刀…………光淵兄本龍慶鏢局掌櫃，一介武夫。……淵與之鬥，連砍數刀……	吾這刀，祖上所留，殺人如麻；鐵弓、九環刀；鏢局掌櫃，一介武夫；連砍數刀；	刀為祖傳，是殺過人的利器。又有鐵弓、九環刀，都是武術器械。鏢局掌櫃，是一個武術方面的行家裡手。
418	古太和城南大路女鬼	……在座有武舉唐誠，唐誠時年二十四，精拳技、長矛，有名望。	武舉唐誠；精拳技、長矛，有名望；	武舉唐誠當年24歲，精通拳術和長槍，很有名望。
422	德勝驛布政分司鬼	……彌陀寺有河南嵩山少林僧曇淨…………至第六日，曇淨於院中練拳…………稍時，又見齊眉棍舞動。曇淨搖頭曰：「舞得	河南嵩山少林僧曇淨；齊眉棍；舞棍弄棒；二十四棍齊眉棍法；	明確提到「河南嵩山少林僧曇淨」「於院中練拳」舞的器械為齊

		不好，若願學舞棍弄棒，看我的。」說畢，拾起牆腳一棒，舞出二十四棍齊眉棍法…… ……曇淨練完心意門拳……	心意門拳；	眉棍，技法為「二十四棍齊眉棍法」，練得拳術為「心意門拳」，都很確切。
425	普濟寺厲鬼	……王小海冒雨於寺前以腰刀砍一碗粗枯棕樹入寺劈柴…… ……小海急抽刀擋其手，張銳拔劍，二人鬥之。連砍十餘刀，連刺數劍，而越怒，吼鬥。張銳一劍深刺其腹，始逃。	以腰刀砍；抽刀擋其手；張銳拔劍，二人鬥之；連砍十餘刀，連刺數劍；一劍深刺其腹；	以腰刀砍、抽刀擋其手、張銳拔劍，二人鬥之、連砍十餘刀，連刺數劍、一劍深刺其腹，記載清晰，有身臨其境之感。
428	龍尾城邊鬼	……兵影出現，刀戈有聲……	刀戈有聲	有打鬥中刀戈碰撞的聲音。
434	獅子王墓	……西番古劍二柄，異於常劍，劍鋒鈍而錐形。	古劍二柄，異於常劍，劍鋒鈍而錐形。	古劍兩把，和平常的劍不一樣，是劍鋒鈍而錐形。
435	吳啟龍	吳啟龍，江南人……一日，聞德榮鏢局鏢頭何德榮押官銀二萬兩人燕京，途經安定堡。啟龍得知，於半月前以十五天四十飛騎至，與德榮鬥於道。德	鏢局鏢頭；鏢局有馬刀隊；盡使蠻刀；飛騎隊以長矛為主，以宋武	吳啟龍與鏢局鏢頭何德榮打鬥於安定堡的道上，何德榮的鏢局有馬

		榮鏢局有馬刀隊，盡使蠻刀，而啟龍飛騎隊以長矛為主，以宋武穆王岳王槍法制敵。雙方較量，啟龍死八人而勝德榮。德榮有女天秀，幼習刀馬，技高深，與啟龍戰三日無勝負。	穆王岳王槍法制敵； 天秀，幼習刀馬，技高深，與啟龍戰三日無勝負；	刀隊，大都使用蠻刀，而吳啟龍卻有飛騎隊，基本都使用長槍，方法為武穆王岳王槍法，雙方較量的結果是「啟龍死八人而勝德榮」。戰鬥打得很苦，原因是「德榮有女天秀，幼習刀馬，技高深，與啟龍戰三日無勝負」。記載詳實。
442	大長屯狐精	……十日後鏢行人馬將遇盜於響水河邊……學禹與鏢局馬幫行響水河，果與三十餘盜相遇。	鏢行； 鏢局馬幫；	又提到了「鏢行」「鏢局」的概念。

《葉榆稗史》（明）張繼白著

著者簡介：張繼白，大理太和人。生於元至正年間，生辰不詳。大理段氏降明後，段世明被朱元璋以犯諱罪誅殺。張繼白無心功名富貴，志在山水田園間，歸隱田園，他是南中七隱中主要人物。流傳的著作僅有《葉榆稗史》，他的後人張煜曾將此書刻版印刷四十部，因為記載了建文帝的事蹟而被列為禁書，只有少數人得到。《葉榆稗史》全書八卷兩百多篇，內容多為南詔至明初的野史和見聞。

書抄頁碼	書中題目	內容摘錄	與武術有關的詞語	淺識
455	僧奴傳	……寶姐尚武，三歲隨母舞劍雞鳴。善騎射，十歲隨父狩獵於石門，獨射惡熊得之。 ……風劍霜刀易割胸。 ……洪武十七年，太祖赦段氏宗室。楊安道遺人接僧奴重返點蒼，建蘭苑於尖頂峰寺東兩里。與南中無極、達果、安道、桂樓、繼白、玄素齊名，為南中七隱。	寶姐尚武，三歲隨母舞劍雞鳴。善騎射；風劍霜刀；與南中無極、達果、安道、桂樓、繼白、玄素齊名，為南中七隱；	寶姐尚武，三歲隨母舞劍雞鳴。善騎射，十歲就隨父狩獵於石門，曾單獨射殺過惡熊。她與無極、達果、安道、桂樓、繼白、張三豐齊名，被稱為「南中七隱」士。
460	陳玄子傳	……永樂癸巳，會張玄素於玉皇閣，論道一句。為《無根樹》譜道士歌，廣流三迤。	會張玄素於玉皇閣；為《無根樹》譜道士歌；	說陳玄子會張三豐於玉皇閣，並為張三豐的著名詩集《無根樹》譜道士歌。

| 463 | 張三豐入滇記略 | 點蒼古靈鷲山，為釋迦聖地。大理國羊苴咩城南十里有妙香國址，傳為慈航渡世，化女身妙善而正果。元中，張三豐道成入滇，為段氏座上食客。段慶元留，謝之返中原。明洪武十七年，洪武求張三豐入朝佐政，三豐知而遁雲南。洪武二十五年，朱標太子逝。太祖托佛燈訪三豐，得之。托扶皇孫允炆。三豐化名玄素，入滇。得僧大雲禪師入京，洪武托以身後重任，共扶允炆。二人婉言謝之。洪武苦求，諾炆遭離難，可著僧裝入滇籌事。帝諾，願保其安。三豐求洪武暗赦沈萬三，與豐入滇籌事，帝諾。三豐入滇，沐英歿。晟承職，助三豐居點蒼斜陽峰後山，建靈鷲觀於四十里鋪側。靖難，建文流滇，胡瀅暗追，馬三保父暗捕，三豐、大雲、達果、楊黼、段姐助之而化險。二十八年後，三豐入雲龍，居虎山。後入蘭州，不知所終。 | 元中，張三豐道成入滇，為段氏座上食客；明洪武十七年，洪武求張三豐入朝佐政，三豐知而遁雲南；太祖托佛燈訪三豐，得之；三豐化名玄素，入滇；三豐求洪武暗赦沈萬三，與豐入滇籌事，帝諾；三豐入滇，沐英歿；晟承職，助三豐居點蒼斜陽峰後山；靖難，建文流滇，胡瀅暗追，馬三保父暗捕，三豐、大雲、達果、楊黼、段姐助之而化險。二十八年後，三豐入雲龍，居虎山。後入蘭 | 將張三豐入滇的緣由說的更加詳細，更指明「三豐化名玄素」。末了又講「二十八年後，三豐入雲龍，居虎山。後入蘭州，不知所終」。其實，有資料顯示，張三豐晚年避隱甘肅平涼崆峒山，崆峒山現存避詔碑一塊，上有皇帝兩次召見張三豐的詔書和張三豐避而不去的答詞「一葉扁舟出離塵，二來江上獨稱尊，三向蓬萊尋伴侶，四海灘頭立姓名，五湖 |

			州，不知所終；	浪裡超生死，六渡江邊釣錦鱗，七絃琴斷無人續，八仙聞我也來迎，九霄自有安身處，十載皇□不負恩，燒丹煉藥歸山去，那得閒心捧聖文。」
475	董伽羅軼事	……董伽羅精運算，善政務，勸王室習武、攻經史、無文不為政。建藏經閣，重修五華樓於葉榆。樓高十丈，五重，向南，前置演武場。	王室習武；置演武場；	董伽羅「勸王室習武」，在五華樓「前置演武場」
476	應文和尚	……張玄素至，攜應文至浪穹觀音山薛蘿崖畔觀音箐側，建蘭若寺。 ……洪武二十五年，與玄素入京參洪武，暗扶皇孫。	張玄素至；玄素入京；	張三豐和建文帝一起到「浪穹觀音山薛蘿崖畔觀音箐側，建蘭若寺」。洪武二十五年，建文與張三豐入京參見洪武「暗扶皇孫」。

		……弓箭不入，刀槍難傷。 ……白鶴道長，巴人，練氣士，遊點蒼，結篷於玉泉側，精劍術。 ……後與張玄素遊中原，不返。 ……洪武二十八年，張玄素至南中住玉泉觀。逢中秋，題藏頭詩於壁：「八月十五逢佳期，（月）下訪友遊故居。（古）人幾多能悟道，（首）推太上繼純陽。（易）經常演周天卦，（卜）者何必弄玄機。（幾）度春秋稱雄霸，（西）山暮雨幾多情。（青）山常隱朝中相，（目）似流星鬥牛寒。（二）十年前洞仙子，（一）夕雨鬢現白髮。（友）情難寫無根樹，（寸）心難了二世因。（大）覺大悟深山隱，（心）猿意馬靜則平。（十）年磨劍紫霞現，（見）爾真性在玉泉。」 ……建文出走，得大雲、無極二師力，得度出死門。入滇，大雲度之，法名應文，後與落陽居士、桂樓居士、蘭雪道人、達	弓箭不入，刀槍難傷； 練氣士； 精劍術； 張玄素遊中原； 張玄素至南中住玉泉觀； 後與落陽居士、桂樓居士、蘭雪道人、達果和尚、張玄素為伍。	説白鶴道長是「練氣士」「精劍術」。講張三豐善於詩文，「題藏頭詩於壁」。以及與白鶴道長、落陽居士、桂樓居士、蘭雪道人、達果和尚的友好關係是非常清楚的。
478	白鶴 道長			

		果和尚、張玄素為伍，暢遊五嶽三山，誰識真龍托情山水。		
480	宏廣禪師	……宏廣精劍術，為永貞帝段正興師。傳輪劍二十四路於十二弟子，興智為長弟子。	宏廣精劍術；傳輪劍二十四路於十二弟子；	說宏廣禪師精通劍術，為永貞帝段正興的師傅。傳輪劍二十四路於十二弟子，興智為他的大弟子。
486	梵僧羅贊	……羅贊奉阿闍梨，有奇術，能行於刀尖。	有奇術，能行於刀尖。	可能是硬氣功
488	點蒼山神段赤成	……吾習刀劍，當在萬馬軍中位居軍將。 ……赤成應召，製快刃三十六把，利劍一對。赤成周身縛劍如蝟，與雌縛鬥於陽坪。	吾習刀劍；制快刃三十六把，利劍一對。赤成周身縛劍如蝟，與雌縛鬥於陽坪；	段赤成不但武藝高強，而且會「製快刃三十六把，利劍一對」「周身縛劍如蝟，與雌縛鬥於陽坪」。
489	沈萬三入滇	……洪武知張三豐本天下奇士，令佛登訪尋，佐朝輔國。知萬三與佛登善薦，尋得赦，後與玄素入朝面君。	洪武知張三豐本天下奇士；後與玄素入朝面君；	洪武皇帝都知道「張三豐本天下奇士」，可見當時名聲之大。所以，與沈萬三一起被應邀「入朝面君」。

490	沈線陽	萬三有女線陽，生而慧，雙眉紅痣。三歲遊於市，遇中條玄女薛真陽，授以丹霞劍術，歷十五載得絕技。若紅綃、聶影塵寰。藝成，師告身世，尋父於滇。時應文潛隱浪穹，萬三托女暗輔之。永樂五年，隨應文出遊。七年，應文於黔道遇胡瀅率官兵追捕，線陽救之。……司掌神劍玉匣，得靈通玄法。	授以丹霞劍術，歷十五載得絕技；司掌神劍玉匣，得靈通玄法；	沈萬三之女沈線陽的面貌特點是「雙眉紅痣」，中條玄女薛真陽曾授她「丹霞劍術」，15 年後練成了絕技。不但「暗輔」建文，而且在胡瀅率官兵追捕建文時，救過建文的命。
493	弘聖寺東瀛僧天祥	……趺坐法台，百日而不食。	趺坐法台，百日而不食。	日本僧人天祥也有辟穀百日不食之功。
495	清淨散人孫不二	……四女弟子皆絕色道姑，善歌吟，精劍術，輕柔嬌燕，超凡脫俗。	精劍術，輕柔嬌燕。	説清淨散人孫不二四女弟子不但個個「絕色道姑」，而且能歌善舞，輕柔嬌燕，超凡脫俗，又精通劍術，絕對是才女。

| 496 | 達果和尚 | 達果，大理總管段隆四子。……一夕，於段府演劍法，如雪花纏身。……十五歲，書畫、擊技冠南中。……演玄武劍法，勢如游龍翻江，騰跳如仙猿。洪武二十五年，與楊鬖、寶姐共結七子詩社，世稱南中七隱。後與玄素、應文僧三遊中原，多次救文於危難。……每月逢五，必至峰頂煉氣，聲如洪鐘，舉五百斤石獅而形色如故。奇人矣。 | 於段府演劍法，如雪花纏身；擊技冠南中；演玄武劍法，勢如游龍翻江，騰跳如仙猿；後與玄素、應文僧三遊中原；必至峰頂煉氣，聲如洪鐘，舉五百斤石獅而形色如故； | 達果為段隆四子，九歲出家無為寺，拜師智能。智能曾於段府演劍法，如雪花纏身。達果十五歲即書畫、擊技冠南中。升無為寺住持後，演玄武劍法，勢如游龍翻江，騰跳如仙猿。後與張三豐、應文僧三遊中原，多次救建文文於危難。每月逢五，必到山峰頂上煉氣，聲如洪鐘，能舉五百斤石獅而面不改色。 |

498	翠華樓	……大德法師入主無為寺，建演武廳於翠華樓前，為國中王室習武之地。	建演武廳於翠華樓前，為國中王室習武之地。	在此記錄了大德法師入主無為寺後，於翠華樓前建演武廳，作為王室習武之地。
503	烏鋼劍	……總管令十匠人磨劍兩年餘，劍始成，藏段府秘室。功平緬，配其劍可削戈戟，屢立戰功。名烏鋼劍。 ……劍為寶姐所得。洪武二十六年，余往鴛溪蘭室觀其劍，製工精巧，金鞘雙龍奪珠，鑲三百六十顆五色寶石。劍重十二斤，長三尺，刃寬一寸六，中厚八分，色烏亮而冰寒，寶矣。寶姐舞之猶如烏龍騰躍，曰：「吾原以此劍雪父恨刃梁王而未遂，引以為憾。但此劍配身，父容依然，言猶在耳。」	令十匠人磨劍兩年餘，劍始成，藏段府秘室； 其劍可削戈戟，屢立戰功。名烏鋼劍； 劍為寶姐所得； 觀其劍，制工精巧，金鞘雙龍奪珠，鑲三百六十顆五色寶石。劍重十二斤，長三尺，刃寬一寸六，中厚八分，色烏亮而冰寒，寶矣。 寶姐舞之猶如烏龍騰躍；	猶如前些日子俄羅斯隕石墜地的電視畫面歷歷在目，情景、過程記載的很詳盡，用隕石鐵鑄劍，即烏鋼劍。可削戈戟，屢立戰功。此劍後來劍為寶姐所得。此劍「製工精巧，金鞘雙龍奪珠，鑲三百六十顆五色寶石。」 「色烏亮而冰寒」。

505	丙穴魚	……玄素遊寅潭曰：「神虎十萬八千，色紅似火，居江河岸以魚為食，曰魚虎。通靈多疑，西珥河有此怪必然，虎化寅塘，寓言也。大士本菩薩，菩薩大慈大悲。南中自南詔至今六百餘載，桑田滄海，天地運化。昔海今陌，佛道一理，逛言為真。日久成形，那來虎大成坡，口吐鮮血八百載。但丙穴魚味美，老道垂涎，連食一句不倒胃。神虎口饞而遭禍，老道何時戒口，善哉！」	玄素遊寅潭曰；	即張三豐遊寅潭説
507	東山神蟒	洪武初……至正年遊中原得大法，與佛燈、玄素為至交。……洪武二十五年，大雲、張玄素應詔入京，隨佛燈朝見洪武。	與佛燈、玄素為至交；張玄素應詔入京；	即佛燈和張三豐是非常好的朋友；又説洪武二十五年，大雲和張三豐應詔入京，隨佛燈朝見洪武皇帝。
509	董琪善畫	……董幼慧，文武兼備。	文武兼備；	説董琪文兼武備

《大理古佚書鈔》明人筆記 武術史料研究
—— 彰顯張三豐行蹤與「武技冠天下，智謀超群」
「精研太極，創武學，自成一家」

　　雲南人民出版社 2002 年 1 月出版的《大理古佚書鈔》（尹明舉主編，以下簡稱《書鈔》）一書，輯錄了我國明朝存世書稿三部，即李浩《三迤隨筆》、李以恆《淮城夜語》、張繼白《葉榆稗史》。令我們驚喜的是，《書鈔》的三部古佚書中記有大量的武術史料，其內容之多，其記載之具體，在一般的明人筆記中是極為少見的，不少內容事關目前武術史研究中的重要課題，同時，也為我們瞭解古代大理地區的從官放到民間的武術活動情況，提供了難得的史料。

　　有人稱「三部書稿的面世，是繼山東銀雀山、長沙馬王堆、荊門楚墓出土簡帛古書之後的又一重大驚喜新發現」「書籍中記載的張三豐資料，振聾發聵地為中國武術太極拳尋蹤，揭示迷津」。確不為過。因為，《書鈔》共 305 個條目，其中，與武術有關的或直接顯示武術活動的條目即多達 100 個，占到了全書的三分之一，其記載涉及到了古代武術的方方面面，有些在現在看來還更加鮮活和新穎，可以說是一部古代的《武術百科全書》。

　　這也緣於李氏家族「自康熙以來，只許子孫練武習文

而不許入仕，開了兩百多年鏢局」。所以，對於有關宗教、文化，特別是古代武術及其活動的記載，就顯得更加豐富而詳實，是十分珍貴而難得的第一手資料。

一 《書鈔》的來源與作者

《書鈔》是大理白族民間藝術家李蓴先生貢獻出來的一部手抄書稿，它抄錄了明代永樂（公元 1403～1424 年）至嘉靖（公元 1522～1566 年）年間李浩著的《三迤隨筆》、張繼白著的《葉榆稗史》和玉笛山人著的《淮城夜語》三部著作。

這三部距今 430 多年的明代書稿，成書於明永樂至嘉靖年間，這是明代的三部筆記小品的殘抄本。是已失傳關於大理古代歷史文化佚而復得的珍貴資料，也是關於南詔大理國和白族歷史文化的值得一讀的奇書。它提供了不少鮮為人知的新史料，描繪了一幅幅明代以前及明代洱海地區的社會生活鮮活的歷史畫卷，復原了那個歷史時代聞所未聞的新鮮故事。

《三迤隨筆》成書於明永樂庚子年（永樂十八年，公元 1420 年）。作者李浩在《自跋》中稱：「余纓冑世家，自唐宋以來，多有冊封，文韜武略十六代。」「余十七投筆，於定遠軍與義兄沐英有八拜之交，隨高帝轉戰四方十八載。滇平，始成家，娶德勝驛（今大理下關鎮）丞王義丈人女為室，屈指十九載。」「余自洪武壬戌（洪武十五年，公元 1382 年）春入滇。事平，封疆於三迤道德勝關，為天威徑鎮撫使，隸屬雲南總兵西平侯沐英部下。」「自入滇以來，擇以淮城（今下關）為德勝驛館。

修蒙氏龍尾關，歷時五年。雖多次戌邊征戰，剿元軍叛部於浪穹，平思任於麓川，皆靖剿小戰。」作者在入滇以前，曾以「江南翰苑見聞而寫《秦淮見聞錄》、《從軍錄》」。由此可知，李浩是沐英入滇部隊中的「中軍錄事」（文職軍官），後來落籍於大理。

《葉榆稗史》的作者張繼白，大理人。他在書中這樣寫道：「余自幼生長於葉榆，幼與段寶（元代大理總管）共讀於蒼麓院。元亡後，無心功名，衣食無慮，志在寄情田野。閒觀鶴舞，夜讀百家著作，客來品茶夜話。話題之廣，上至神通、闢地開天，中跨人王千年，下述鬼神玄怪，日久成集曰《葉榆稗史》。」他與李浩交情甚篤，結為姻親。

他還寫道：「平滇事平後，李鎮撫屯軍德勝驛，與吾輩結為知交。」所謂「吾輩」者，指的是當時世稱的「葉榆七子」，或「葉榆七隱」。他們就是志同道合的達果和尚（大理總管段隆的四子）、無極和尚、楊桂樓、張玄素、段寶姬（段功之女）和張繼白等七位忘年交。

據《淮城夜語》的作者介紹：「外祖公張繼白有史官之志，懷才不遇，建山莊於古妙香國皇宮遺址。藏書之多冠於南中，著《葉榆稗史》四卷，增補二卷，刻版印書百部，多為宦海珍藏。雖為稗史，事皆事實。」

《淮城夜語》的作者署名「玉笛山人」，其真名叫李以恆，字靜瑛，屬李浩的後代，曾參與《趙州志》（未刊行）的修纂。明代莊誠修的《萬曆趙州志·儒學》中有載，說他是貢生。這裡的淮城指的是下關附近的一座古廢城，據書中記載：「西漢高祖呂后於未央宮斬淮陰侯韓

信。韓信子女三人會部將於西洱河口，於青木林南建淮城。二百年後毀於地震。」因有這種傳說，自古下關有「淮城」的別稱（也有寫作「槐城」的）。

上述三部古佚書的資料來源，有其特殊的管道。據書中記載，李浩隨沐英進軍大理，奉命與藍玉接管大理段氏總管府，「藍玉將軍性暴，胡海兄好殺，段氏出逃免遭於害。城中火勢大發，藍玉部將占領四十餉庫，全擄平章府珍寶。殿堂火發，余派人救滅，幸段氏藏書全存。余命五百戰士，清理所存字畫藏書，遍收得兩百餘馱，馱至龍尾關，由余保存」。

到了洪武十九年（公元 1386 年），李浩將這些藏書清理後，一部分解運南京，一部分交省城沐府，自己留下3000 餘冊。他在龍尾關關地興建一座叫「幽香閣」的書樓，珍藏這批段氏內府典籍。在《三迤隨筆》的「自跋」中，他寫道：「閒暇靜觀蒙段諸史於閣中，偶有心得，余以隨筆記之，事久成集，故曰《三迤隨筆》。」可見，這批宮廷檔案就是這三本筆記小品的主要素材之一。另外，由於作者平時留心於街談巷語的軼聞趣事，書中也記錄了大量民間口碑、地方傳說等。

三 讀《書鈔》，品滋味

初讀本書，給人的印象是內容十分龐雜，歷史事件、南詔大理國宮廷內幕、民族源流、宗教信仰、天文地理、自然災害、冶煉技術、醫藥衛生、文化教育、音樂美術，乃至民歌民謠，無所不包；從學術角度來看，又是歷史學、哲學、心理學、民族學、民間文學、民俗學乃至荒誕

不經的封建迷信，都摻和在一起，令人真偽難辨。然而待到讀完全書，掩卷而思，則使人從中真正感到大理各民族的古代文化的博大精深和美麗、豐富、神奇。更因為三部明代佚書所提供的多學科的資料，極其廣博和豐富。大到天文地理、外星來客，小到風俗習慣、奇人奇事，廣至城邑變遷、王族更迭，深至民族心理、苦樂生死觀念，各方面都為我們提供了鮮為人知或知之不多的材料。

儘管三部古佚書系「不拘類別，有聞必錄，長長短短，記敘隨宜」的隨筆式小品，顯得隨意和雜亂。然而，它所反映的大理乃至雲南的歷史是比較系統的，尤其對重大的歷史事件，在不同的篇章裡作了不同側面的記述。

何況這三部明代佚書的主要內容，記載的還是大理國時期的資料。據《三迤隨筆》作者李浩自稱，其史料來源多係明代尚存的名為「內史」和「段氏傳燈錄」的大理國宮廷檔案，即便其他一些作者耳聞目睹的奇聞怪事，或道聽途說的地方掌故、故事傳說也是據今四、五百年前社會世象的記錄，亦有相當的研究和參考價值。足見這三部明代佚書的彌足珍貴。

對歷史文化的研究，不能只侷限於幾部已經公認的漢文典籍的記載。而應當把視野擴大到廣大民間流傳的各種史料（包括文字的記載、口碑傳說）和田野考古發掘的成果。有趣的是，這三部明代佚書中，不少篇什恰恰印證了當今考古發掘所得出的結論，如 1996 年雲南省文物考古所與大理州文管所在今下關西南部苗圃山一帶發掘了古代磚瓦窯八、九座，出土大量有字瓦和其他磚瓦，初步判斷為南詔直至元明時期的磚瓦窯址。而《淮城夜語》中的

《青木林萬人冢》篇便明確記載了「南詔閣羅鳳築龍尾城，以青木林為取泥燒磚地」，青木林，即今下關西南片區的古稱。此類與考古發掘相符之處，本書中比比皆是，不可能有那麼多巧合，這正是這三部明代佚書的特殊價值所在。

由於筆記有著特定的形成過程，大多都有瑕瑜互見的特徵，但多數則瑕不掩瑜。因為這類文章一般都是綴輯瑣語、記錄異聞、敘述雜事，作者往往信筆記事，不求精確。因此，材料凌亂、真偽雜揉等就成了筆記體的通病，而「雜」正是筆記的一大特點，不足為怪。

作者並非見諸經傳的學士，他們只不過是有一定文字能力的秀才或下級軍官，平時偶有所得，隨手記事，沒有刻印流布以求聲名的功利目的。何況當時筆記內容還屬犯諱之列，是不能公開刻印流傳於世的。

四是三部古佚書是歷經焚書浩劫的年代在特殊的條件下抄錄保存下來的，抄錄者缺少抄寫的寬鬆環境，產生魯魚亥豕亦在所難免。應當說，抄錄能夠達到如此的水準，已經是很不容易的事了。

對三部明代佚書的真偽及其成書年代的問題，與當今流傳於世的若干大理史籍相比較，這三部明代佚書的史料價值是毋庸置疑的。

三 《書鈔》武術史料概述

《三迤隨筆》其記錄的武術史料，主要有古代大理的武壇打擂；無為寺武僧的習武活動，無為寺乃大理的「護國禪寺」、「武中道場」。也記錄有「武僧」「八百羅漢

兵」等情況；在有關張三豐的武術資料方面有兩處，可以說是中國武術史料上的重大突破。

《淮城夜語》所記武術史料最為豐富，其內容主要有無為寺武術活動的詳細記載，著有《黃龍金戈劍道》二十四卷，有關無為寺的武術情況還散見於《僧達智》等諸條，還有著作《劍譜》二卷，劍法二十五套，各有劍訣」等；有關張三豐的武術情況更為具體。《淮城夜語》中記載張三豐的材料較多，譬如創「太極三功」、「內丹太極劍」、「太極兩儀拳」、「陰陽太極掌」，著有藏武經四卷等，而多與建文帝事蹟有關，末有《張三豐入滇記略》一文，其《張玄素入點蒼》條，對張三豐的簡況和武術情況作了更為詳盡的描述，引人注目。

「少林南宗」和「少林南支功法」之說，以及「武術」一詞的出現是一大亮點，以致於各類武術的技藝名稱，《淮城夜語》中可謂更是相當豐富，譬如「羅漢刀」、「奇門拳」、「二十四棍齊眉棍法」和「心意門拳」；以及《吳啟龍》條中言及的「岳王槍法」和《點蒼十八郎》條中所說的「童子功」等。還有如《藥王杜清源》條中提及的」醉仙劍」，文中稱杜清源善飲，醉則酣睡，「醒則舞劍，如游龍蜿蜒，曰『醉仙劍』，為段家世傳劍法」，還能以劍點人穴位。曾有言云：「學醫必通人體諸穴，通則必準。體穴道，生死一絲間……習武亦如是，精曉人體諸穴，點穴，小技也。萬事一理，久練則精」；另外，在《吳啟龍》等條中，還記述了一般明代史料中極少見到的「鏢局」：以及古代大理無為寺武術活動情況等。

記載中提到的「武僧」一詞，可以得到明代其他史料的佐證。如現存的少林寺塔林中有一明正德年間的「三奇友公和尚塔」，其塔銘曰：「敕賜大少林禪寺敕名天下對手教會武僧正德年間蒙欽取宣調鎮守山陝等布政邊□（境）御封都提調總兵統雲南烈兵扣官賞友公三奇和尚之壽塔。」另一塊萬曆二十三年的《欽差督理糧儲帶管分守河南道左參政房批示碑》同樣記曰：」劉賊、王堂及倭寇並師尚詔等倡亂，本寺武僧屢經調遣，奮勇殺賊，多著死功。」

　　此外，也提到了崇尚武藝或武功高超的「東倭僧」和「天竺僧」，這也是以往及其少見的，再看看今天的印度武術，同樣有套路、器械、對練等等，不由得使人聯想到少林為什麼要尊達摩（也記有達摩六祖和《達摩坐禪圖》）為祖師，這都是值得進一步研究的。

　　對於張三豐的記載，其內容基本可分為兩部分，一部分是有關張氏生平事蹟的簡況，另一部分是對其武術情況的介紹。《明史・方伎傳》《三才圖會》也有類似「張三豐……龜形鶴骨，大耳圓目，身長七尺，鬚髯如戟……元末，居寶雞金台觀。」的記載和說法，說明《書鈔》所講不虛，同時也稱三豐精研太極，創太極三功（即內丹太極劍、太極兩儀拳、陰陽太極掌），自成一家及五代傳人所演練的拳技風格是」形柔態美，氣布全身，一旦遇敵，拳力暴發」，更證明被世人所尊崇為「楊無敵」的楊露禪，以及到目前為止各門派太極拳仍然尊張三豐祖師，是有道理的。當然，這也是目前所見到的對張三豐武技最為詳盡的記述。

有關文中提到的種種武技問題，冠以各種名稱的拳種技藝的大量湧現，是明代武術發展的一個顯著標誌，如戚繼光的《紀效新書》中就記有 16 家之多，而鄭若曾的《江南經略》和何良臣的《陣紀》中又略有不同。就《書鈔》三份筆記所列舉的諸多技藝名稱，特別是一些劍法名的出現，也說明此時武術文化已極為成熟。都同不同的側面展現了明代武術的繁榮昌盛和豐富而博大的內容。可以說是相得益彰，互為補充。

　　總之，《書鈔》三份筆記所記述的武術史料是相當豐富的，」其史料價值是無庸置疑」的，非常值得我們深入的挖掘整理和研究。

四　《書鈔》武術史料的挖掘與整理

1、武功高強的大師級人物近百人：

　　赤誠、達摩、、智升、阿虎、沐春、鳳嬌、惠玲、文婕、瓊華、林俊、李浩、巧珠、崔群、阿曲、道吉、段功、達果、寶姬、廟祝、周彥、蓉姑、二牛、董琪、張銳、天秀、寶姐、張洪綱、負石婦、張寸平、張三豐、陳玄亮、段思智、段思英、段正明、高昇泰、段正淳、段和譽、段正興、段素興、段思平、沈萬三、沈線陽、慧柯僧、朱子貞、伍文通、僧達智、僧無極、僧普照、僧緣循、高士傑、陽合子、玉合子、杜文相、陳玄子、杜清源、段赤成、伍惠娘、魯大莽、光淵兄、王小海、吳啟龍、何德榮、董伽羅、武僧雄仙、高僧一化、高僧知善、秉義皇帝、大德比丘、圓贊頭陀、高僧天祥、大雲高僧、

宏修大師、秉義和尚、程濟道人、大鼻叫化、妙潔法師、高大鼻子、武舉唐誠、白鶴道長、宏廣禪師、梵僧羅贊、達果和尚、東瀛僧天祥、法緣大比丘、了塵大比丘、海德大禪師、遺緣大比丘、壽海大法師、清淨散人孫不二、中條玄女薛真陽、煙波道人趙德冰、雲池道人鍾慶和、張玄素（張三豐）、天竺高僧贊陀崛多、河南嵩山少林僧曇淨、德勝驛高僧長老數十人。

2、武術典籍：

藏武經四卷；劍法七十二式，有訣刻於一玉珮；著有《黃龍金戈劍道》二十四卷；著有《劍譜》二卷、《劍法》二十五套，各有劍訣；了塵善武，曾著有《兵略九拳七劍技》，包羅蒙段諸技之精華。

3、武術門類與方法：

武僧；擊劍；騎射；瑜伽；箭射；鏢局；鏢行；羅漢刀；奇門拳；高家鞭；齊眉棍；練氣士；童子功；心意門拳；石頭打人；殿前侍衛；跨騎演武；武擂之魁；點穴小技；奇門劍法；少林南宗；少林南支；五行劍法；奇門遁甲；吐納諸法；丹霞劍術；玄武劍法；白鶴劍法；周天太極；十二門劍法；南中諸拳棍；延年長生術；開科設武舉；摯棒與豹鬥；河南嵩山少林；輪劍二十四路；辟穀禁食百日；段家世傳劍技；三百八十四劍罡步；身纏二十四飛刀；練氣為修身之道；閉室面壁一百日，十日進水一杯；擂台每年取武士六人、授以武職；幼練輕功，能躍樓簷，輕巧如燕；飛簷走壁，十八般武藝遊戲於指掌、拳

腳；精研太極，創武學，自成一家；以陰柔陽剛、剛柔兩儀四象而創太極三功，即內丹太極劍三百八十四招，太極兩儀拳三百八十四拳，陰陽太極掌。

4、武術的硬功奇能：

弓箭不入，刀槍難傷；有奇術，能行於刀尖；喜刀馬，能開二十八斤鐵弓；裸身舞於火塘，踩刀而足不傷；家傳鐵鞭，為隕鐵打就重百斤；一大力僧、可舉千斤之石如兒戲；力能扳牛鬥而雙分之，臂力國中第一；南詔劍重二十餘斤，而段氏劍重十二斤，刀十八斤；捲塵揚而馬迷目，驚而失足。思廉蹶跌，智生上而接之；授余拳術，形柔態美，氣布全身。一旦遇敵，拳力暴發，排山倒海；劍長二尺八，中厚八分，劍刃實約寸六，色青紫，鋒利沉重。全劍連鞘重二十餘斤。

5、武術器械種類：

箭、毒箭、蠻刀、劍、佩劍、蠻劍、輪劍、長劍、銷劍、烏鋼劍、竹削劍、黃龍劍、刀、長刀、大刀、攮刀、戒刀、飛刀、馬刀、腰刀、九環刀、槍、鐵鞭、高家鞭、棍、齊眉棍、鐵棍、九環杖、棒、鐵弓、長矛等器械，以及戈矛、戈戟、棍棒、弓箭、刀槍、刀棍、寶刀、寶劍、利刃、利劍等表述。

6、武術器械之質的與規格：

九環杖，杖重百斤；身纏二十四飛刀；阿虎背綁四飛刀；女兒劍一劍值千金；製快刃三十六把，利劍一對；家

傳鐵鞭，為隕鐵打就重百斤；吾這刀，祖上所留，殺人如麻；鐵鍊鋼鑄劍，世稱爨刀、蠻劍；得南詔刀四、劍二、段氏劍三，皆珍寶；劍長一尺六，寬兩指，曰「女兒劍」，製工極精；精鋼製利刃二十四把，利劍二柄，銳可吹髮立斷；願以五百金買其劍，曰：「人可窮當花子。」而不賣其劍；竹削劍、長劍、一三尺長刀、寶刀、刀棍重千斤、二十八斤鐵弓、石頭打人；清源以蠻竹片為劍，與諸將鬥；古劍二柄，異於常劍，劍鋒鈍而錐形；成精綿鐵、鑄刀劍、鋒利無比，以點蒼雪水淬之，極硬，磨三月，光鑑人影，出鞘而寒生，吹毛可斷，可削銅鐵而刃不傷。

又造十劍十刀，更以北天殞鋼鑄殞鋼劍八，色烏黑，硬無比，可削玉，為國王佩劍；

南詔劍重二十餘斤，而段氏劍重十二斤，刀十八斤，鞘有象皮、蟒皮，鑲以寶石、金箍，金柄精湛；

沐英得五劍，賜余一。果刃可吹髮削鐵，曰「雪峰」，蓋南詔晟豐佑鑄雙劍，淬火於雪峰巔，極硬。磨劍，半載始成。原劍鞘年久損。段正明用此劍配新鞘，以原寶石鑲於金鞘，無價之寶；

製一戒刀，長四尺，重八十斤，以純鋼打製，四人合力磨刀半月，可削銅鐵；

以櫟炭扯煉而搓熟鑄刀劍，淬火，精磨數十日至百日始成。鋒利無比，可剁常鐵；

請鑄劍匠諾玉廣平鑄劍四柄；

常觀此劍，寒光射影。誰知此劍斬奸除惡百二十有七，為鎮寺傳法之劍；

家有干貞鑄劍一口，得於平元之戰，因忌其歷代殺人過多而置於後屋，家居萬人冢邊，以此鎮邪耳；

惟留一劍、殺人如麻之劍、余觀其劍鞘，純金打造，上有五色寶石三百六十顆，日下閃閃刺目。劍長二尺八，中厚八分，劍刃實約寸六，色青紫，鋒利沉重。全劍連鞘重二十餘斤；

令十匠人磨劍兩年餘，劍始成，藏段府秘室；

其劍可削戈戟，屢立戰功。名烏鋼劍；

劍為寶姐所得；

觀其劍，製工精巧，金鞘雙龍奪珠，鑲三百六十顆五色寶石。劍重十二斤，長三尺，刃寬一寸六，中厚八分，色烏亮而冰寒，寶矣。

7、武術功法套路：

練氣；煉氣；輕功；童子功；飛簷走壁；羅漢刀；奇門拳；五行劍法；白鶴劍法；丹霞劍術；玄武劍法；靈通玄法；十二門劍法；齊眉棍；心意門拳；精南中諸拳棍；輪劍二十四路；劍法七十二式；少林南支功法；羅漢刀、奇門拳功夫；二十四棍齊眉棍法；宋武穆王岳王槍法；趺坐法台，百日而不食；瑜伽金剛大法；閉室面壁一百日，十日進水一杯；得瑜伽大法，能坐禪百日；瑜伽大法之懸浮；辟穀禁食百日；百日期滿，法緣神態依舊；裸身舞於火塘，踩刀而足不傷；以內丹之說，外氣巧運循環始復而授人；得其傳三百八十四劍罡步，久練而輕身；傳劍法於母女，皆萬人敵；從師習瑜伽，轉金剛大智法。每練大法，身發旃檀香。入夜，七彩光環繞身，每辟穀則八月，

不飲不食，閉目禪合，面似童子，出室喝清泉兩升。後進食至七日，食如常人。而練九環杖，杖重百斤，奔騰縱跳，矯若神猿，可跳越三重高樓；

鍾慶和曰：「劍本元氣，無形，使用則氣出如絲，外纏光華如虹，可於百步傷人。」

教奇門遁甲、吐納諸法，皆身輕如燕，行於流水而不沾濡衣。精歧黃，施藥濟民。鍾慶和常雲遊四方，歷四十餘載，依然貌似少年。眾知鍾已得延年長生術；

後至寶雞金台山，精研道學，號三豐道人。道成遊天下，至武當，結篷於玉虛台，精研太極，創武學，自成一家。以陰柔陽剛、剛柔兩儀四象而創太極三功，即內丹太極劍三百八十四招，太極兩儀拳三百八十四拳，陰陽太極掌；

玄素行蹤如風似雲，壽二百餘，依然童顏不改。食則斗米，葷素兼食，無口戒。閉關可十月滴水不沾，不進飲食；

授余拳術，形柔態美，氣布全身。一旦遇敵，拳力暴發，排山倒海；

8、武功與絕技：

一箭射入口；一刀揮斷；迎腹剖之；身纏二十四飛刀；跳躍以利刃劈之；敏捷縱跳，砍斷蟒項；鏢局掌櫃，一介武夫；弓箭不入，刀槍難傷；有奇術，能行於刀尖；劍技之精，前無古人；武技冠天下，智謀超群；競技於校場、騎射第一；神射、箭射、連發二箭；喜刀馬，能開二十八斤鐵弓；裸身舞於火塘，踩刀而足不傷；閉室面壁一

百日，十日進水一杯；一旦遇敵，拳力暴發，排山倒海；
摯棒與豹鬥，豹斃棒下而勇名揚。一大力僧、可舉千斤之
石如兒戲；精研太極，創武學，自成一家；力能扳牛鬥而
雙分之，臂力國中第一；劍法之精，疾如風狂雨驟，緩似
龍飛鳳舞；習武亦如是，精曉人體諸穴，點穴小技也。飛
簷走壁，十八般武藝遊戲於指掌、拳腳；少勇猛過人，武
藝超群，力大分牛，為殿前侍衛；捲塵揚而馬迷目，驚而
失足。思廉蹶跌，智生上而接之；矯捷如猿，身輕似鳥。
至此眾方知其武技之精，當世不多；練九環杖，杖重百
斤，奔騰縱跳，矯若神猿，可跳越三重高樓；

　　醉必舞劍如游龍纏身，忽軟如棉，忽重如壓頂泰山，
輕重忽緩，井然有序；

　　活擒猛虎，拔虎牙，蛻虎爪，以鐵鏈拴虎於烏龍潭。
虎群聞嚎，又現三虎，擒之；

　　幼練輕功，能躍樓簷，輕巧如燕。余老祖常觀其技，
每與其交手，皆敗其手下。

9、設演武場與演武：

　　國人年十四至五十皆習武；學武；傳武；習武；練
武；演陣；練武地；達摩堂；校場演武；演武點將；傳武
聖地；按期演武；武壇打擂；應文武試；舞劍於庭；王室
習武；置演武場；雞鳴舞之；比武賽詩；國王佩劍；醒則
舞劍；舞棍弄棒；必考騎射；迎腹剖之；一刀揮斷；石頭
打人；一箭射入口；開科設武舉；身纏二十四飛刀；跳躍
以利刃劈之；宏修善武，闢演武場；共習武於海印七年；
趺坐法台，百日而不食。文武百官演武、習武考試地；武

者演武，與寺中高僧比試；競技於校場；跨騎演武於校場；裸身舞於火塘，踩刀而足不傷；於段府演劍法，如雪花纏身；寶姐尚武，三歲隨母舞劍雞鳴；演玄武劍法，勢如游龍翻江，騰跳如仙猿；奔騰縱跳，矯若神猿，可跳越三重高樓；建演武廳於翠華樓前，為國中王室習武之地；必至峰頂煉氣，聲如洪鐘，舉五百斤石獅而形色如故；練武於閣前，藝之精純，大將難敵。相好武，拜廟祝為師；無為寺自南詔以來，為習武重地，精於刀劍、戈戟、棍棒；雞鳴，練武於天威徑覽月台。劍法之精，疾如風狂雨驟，緩似龍飛鳳舞；醉必舞劍如游龍纏身，忽軟如棉，忽重如壓頂泰山，輕重忽緩，井然有序。

10、習武與對人物的武功表述：

學武；傳武；善武；習武；精武；練武；武技；竟武；崇武、幼習武；天秀，幼習刀馬，技高深，與啟龍戰三日無勝負；尚刀劍；好擊劍；有絕技；精劍術；精刀劍；練氣士；驍勇、善騎射；用兵、刀、槍、劍、鐸諸技騎射；精劍術，行必背劍；精拳技、長矛，有名望；善騎射；得神戟；背負劍；羅漢刀、奇門拳功夫獨到；皆好武，多立戰功；精劍術，輕柔嬌燕；有奇術，能行於刀尖；喜刀馬，能開二十八斤鐵弓；吾這刀，祖上所留，殺人如麻；善騎射、馬刀；精槍法、善騎射；善兵戈、武者之勇；觀其劍，製工精巧，金鞘雙龍奪珠，鑲三百六十顆五色寶石。劍重十二斤，長三尺，刃寬一寸六，中厚八分，色烏亮而冰寒，寶矣。寶姐舞之猶如烏龍騰躍；

能文善武；吾習刀劍；天祥崇武；文武兼備；通武學

文；文韜武略；間習武藝；阿虎善射；文武雙兼；家傳鐵鞭；雞鳴舞之；習文練武；勤學精武；比武賽詩；幼喜刀戈；刀戈鐵棍；文武皇帝；崇道習武；所贈銷劍；手執大刀；得一佩劍；精文研武；智勇過人；靜心習武；習文善武；習文尚武；秉義精武；學文練武；武功蓋世；醒則舞劍；舞劍於庭；武技超群；精文尚武；武功超群；傳其武藝；奇門劍法；惟留一劍；武舉唐誠；舞棍弄棒；心意門拳；以腰刀砍；刀戈有聲；鏢局鏢頭；盡使蠻刀；風劍霜刀；王室習武；

稱文武皇帝；無為寺武僧；拔劍與蛇鬥；提根打狗棍；幼喜習擊技；幼練童子功；抽刀擋其手；宏廣精劍術；擊技冠南中；

武能帶兵打戰；武以刀劍超群；武試居寺之三；少林南支功法；傳劍術於寶姬；皆敗於其手下；上點蒼山藏劍；一劍深刺其腹；鏢局有馬刀隊；少林南宗傳人；驍勇無敵，所向披靡；手執戈矛、飛跑格鬥；宏修善武，辟演武場；習武三載，執黃龍劍；滴水不沾，不進飲食；鏢局掌櫃，一介武夫；張銳拔劍，二人鬥之；弓箭不入，刀槍難傷；趺坐法台，百日而不食；精文崇武、騎射皇族第一；精研太極，創武學，自成一家；寶姐尚武，三歲隨母舞劍雞鳴。精諸武術，尚劍術，密傳之十二門劍法，精絕；曰「醉仙劍」，為段家世傳劍技；善騎射；飛簷走壁，十八般武藝遊戲於指掌、拳腳；擊技超群，而聘為武師，傳技八百羅漢兵；射術之精，射飛鳥如兒戲。劍術之精，古髯公紅拂之技也；矯捷如猿，身輕似鳥。至此眾方知其武技之精，當世不多；了塵善武，曾著有《兵略九拳

七劍技》，包羅蒙段諸技之精華。製一戒刀，長四尺，重八十斤，以純鋼打製，四人合力磨刀半月，可削銅鐵；幼練輕功，能躍樓簷，輕巧如燕。余老祖常觀其技，每與其交手，皆敗其手下；活擒猛虎，拔虎牙，蛻虎爪，以鐵鏈拴虎於烏龍潭。虎群聞嚎，又現三虎，擒之；

正興幼善武、喜擊技；於校場演武，諸器皆精；憑敏捷縱跳，砍斷蟒項；連砍十餘刀，連刺數劍；競技於校場、騎射第一；六歲習文武，十歲善騎射；五女皆習武，歷來不讓鬚眉；摯棒與豹鬥，豹斃棒下而勇名揚；演玄武劍法，勢如游龍翻江，騰跳如仙猿；少勇猛過人，武藝超群，力大分牛，為殿前侍衛；先空手與鬥，後執械與鬥，丐以手中竹杖擋而對攻；曰「白鶴劍法」。細觀其劍，劍柄有飛翔白鶴圖。劍法七十二式，有訣刻於一玉珮；練武於閣前，藝之精純，大將難敵。相好武，拜廟祝為師；習武亦如是，精曉人體諸穴，點穴小技也。萬事一理，久練則精；創太極三功，即內丹太極劍三百八十四招，太極兩儀拳三百八十四拳，陰陽太極掌；余觀其劍鞘，純金打造，上有五色寶石三百六十顆，日下閃閃刺目。劍長二尺八，中厚八分，劍刃實約寸六，色青紫，鋒利沉重。全劍連鞘重二十餘斤；教奇門遁甲、吐納諸法，皆身輕如燕，行於流水而不沾濡衣。精歧黃，施藥濟民。鍾慶和常雲遊四方，歷四十餘載，依然貌似少年。眾知鍾已得延年長生術。從師習瑜伽，轉金剛大智法。每練大法，身發旃檀香。入夜，七彩光環繞身，每辟穀則八月，不飲不食，閉目禪合，面似童子，出室喝清泉兩升。後進食至七日，食如常人。而練九環杖，杖重百斤，奔騰縱跳，矯若神猿，

可跳越三重高樓；

　　傳劍法於母女，皆萬人敵；司掌神劍玉匣，得靈通玄法；於段府演劍法，如雪花纏身；授以丹霞劍術，歷十五載得絕技；必至峰頂煉氣，聲如洪鐘，舉五百斤石獅而形色如故；文武皇帝段思平；文韜武略十六代；常談文論武而樂；授五行劍法於段功；皆以子弟投其門下；共習武於海印七年；二十四棍齊眉棍法；河南嵩山少林僧曇淨；洪武知張三豐本天下奇士；被清源點中腕穴，棄劍於地；傳輪劍二十四路於十二弟子；著有《黃龍金戈劍道》二十四卷；力能扳牛斗而雙分之，臂力國中第一；高士傑為雲南高氏後代，精南中諸拳棍；慕無為寺了塵禪師奇功，交手三日，無勝負；飛騎隊以長矛為主，以宋武穆王岳王槍法制敵；自幼隨師採藥行醫，喜劍術，煉丹劍，忠願識劍；三豐精周天太極，萬三亦然。劍技之精，前無古人。玄素傳拳劍於段氏二子一女，及玄亮弟子靜超、靜遠；捲塵揚而馬迷目，驚而失足。思廉蹶跌，智生上而接之；授以陰陽周易。以內丹之說，外氣巧運循環始復而授人。與清源搓議劍法，戲鬥。清源以蠻竹片為劍，與諸將鬥；願以五百金買其劍，曰：「人可窮當花子。」而不賣其劍；二女得大雲傳飛簷走壁輕功絕技，常隨師遊，喜打抱不平；嫂有女鳳嬌，自幼與其兄沐春同時習武，拜師大雲高僧，精劍法；製快刃三十六把，利劍一對。赤成周身縛劍如蝟，與雌縛鬥於陽坪；雞鳴，練武於天威徑覽月台。劍法之精，疾如風狂雨驟，緩似龍飛鳳舞；醉必舞劍如游龍纏身，忽軟如棉，忽重如壓頂泰山，輕重忽緩，井然有序；為保允般有退路，保生存，重託玄素、大雲，大雲即無依

禪師。皆武技冠天下，智謀超群，歷為太祖敬重；習刀戈以實戰，而不喜劍法。家有乾貞鑄劍一口，得於平元之戰，因忌其歷代殺人過多而置於後屋，家居萬人冢邊，以此鎮邪耳；玄素行蹤如風似云，壽二百餘，依然童顏不改。食則斗米，葷素兼食，無口戒。閉關可十月；其遺物遺稿存於靈鷲觀楊元鼎、鄭元春處余多次遊靈鷲觀，於其五代傳人守銓處觀諸詩稿，抄詩百二十首。守銓示一木匣，藏武經四卷。余家雖世代千戶，貫使長械，守銓與余摯交，授余拳術，形柔態美，氣布全身。一旦遇敵，拳力暴發，排山倒海。余勸守銓傳余侄。銓曰：「祖師有言，武經只傳一脈。除非本門當家弟子全傳，不傳外人。」祖師另一留言：「不許立碑立傳，以免暗保建文事露，患殺身災禍。」

五 《書鈔》武術史料的閃光點

1、展示武術器械及刀劍的工藝與鑄造流程，非常珍貴

■ 《聖德皇帝高昇泰事》
家傳鐵鞭，為隕鐵打就重百斤。

■ 《青木林萬人冢》
回部多巧匠，所製刀戈鋒利，銀器精細，善經營。

■ 《蛇骨塔記事碑》
為赤誠選精鋼製利刃二十四把，利劍二柄，銳可吹髮立斷。

■ 《僧緣循》
緣循請工匠製一戒刀，長四尺，重八十斤，以純鋼打

製，四人合力磨刀半月，可削銅鐵。

■ 《張寸平除蟒事》

寸平驚恐，長髯偉士曰：「吾有鋼刃贈。」執一三尺長刀，寸平接之而寒逼生輝，知為寶刀。一刀揮斷化枯項，迎腹剖之，化枯斃。

■ 《烏鋼劍》

總管令十匠人磨劍兩年餘，劍始成，藏段府秘室。功平緬，配其劍可削戈戟，屢立戰功。名烏鋼劍。

洪武二十六年，余往鴛溪蘭室觀其劍，製工精巧，金鞘雙龍奪珠，鑲三百六十顆五色寶石。劍重十二斤，長三尺，刃寬一寸六，中厚八分，色烏亮而冰寒，寶矣。

■ 《高大鼻子》

而惟留一劍，本其祖高將軍大理國軍將高昇泰，馳騁疆場殺人如麻之劍。余觀其劍鞘，純金打造，上有五色寶石三百六十顆，日下閃閃刺目。劍長二尺八，中厚八分，劍刃實約寸六，色青紫，鋒利沉重。全劍連鞘重二十餘斤。高大鼻酒醉興至而舞之，曰「白鶴劍法」。細觀其劍，劍柄有飛翔白鶴圖。劍法七十二式，有訣刻於一玉珮，高大鼻掛於心窩。西平侯沐氏願以五百金買其劍，曰：「人可窮當花子。」而不賣其劍。

■ 《鐵雨可鑄劍》

大理國楊乾貞篡位，七月十八，沙坪流星如雨，落地有聲，歷時至次晨，死二行人，數日平靜。好事者往觀之，皆碎鐵，重於常鐵而更重。軍民紛往尋之，以櫟炭扯煉而搓熟鑄刀劍，淬火，精磨數十日至百日始成。鋒利無比，可剁常鐵。大理國段思平滅大義寧國楊氏，得雨鐵八

十餘斤，請鑄劍匠諾玉廣平鑄劍四柄，曰「黃龍」，曰「金雀」，曰「松鶴」，雙劍曰「鴛鴦」，儲於內宮。段思英出家無為寺，帶走黃龍劍，至今乃存無為寺。余與洗塵大師為知交，常觀此劍，寒光射影。誰知此劍斬奸除惡百二十有七，為鎮寺傳法之劍。寺有《劍譜》二卷、《劍法》二十五套，各有劍訣。可惜余雖世襲軍籍，習刀戈以實戰，而不喜劍法。家有乾貞鑄劍一口，得於平元之戰，因忌其歷代殺人過多而置於後屋，家居萬人冢邊，以此鎮邪耳。

《蒙段鑄劍》

南中冶煉，始於楚莊跡入滇。特以銅冶為主，至蜀漢始知煉鐵，鐵源於紫石崖。

蒙氏史載：蜀將李恢征孟獲，獲降，屯軍南中。軍中有制箭簇匠人樊二，善冶，知佛光寨北馬鞍山赤石能冶鐵，取而冶之。亮造水扯爐圖，以水磨法加仙人手，而煉石成鐵。又以匠人用松柴，二次燒鍛生鐵，以工匠千錘擊之，鐵性漸軟。三擊三炒，而成精綿鐵。以綿鐵之英鑄刀劍，鋒利無比。至蒙氏滅五詔，南詔立國。南詔有鑄匠趙利阿，清理冶爐，見爐底有青鐵，重於常鐵倍。試取製刀，十日始熔，曰「爐底鋼」，色青黑。以點蒼雪水淬之，極硬，磨三月，光鑑人影，出鞘而寒生。羅鳳試之，吹毛可斷，可削銅鐵而刃不傷。鳳製十鐸、十刀、十劍。鐸刀賜二十軍將。劍儲內宮，為鳳配劍。至段氏得天下，又造十劍十刀，更以北天殞鋼鑄殞鋼劍八，色烏黑，硬無比，可削玉，為國王佩劍。後大理國與宋通，以馬鞍山、銀生廠二地鐵鍊鋼鑄劍，世稱爨刀、蠻劍。宋以重金購

之。忽必烈入大理，得南詔刀四、劍段氏劍三，皆珍寶。南詔劍重二十餘斤，而段氏劍重十二斤，刀十八斤，鞘有象皮、蟒皮，鑲以寶石、金箍，金柄精湛。又有女兒劍，為歷代南沼、段氏宮廷后妃、公主用劍。劍長一尺六，寬兩指，曰「女兒劍」，製工極精。

段氏史載：女兒劍一劍值千金，中以段思良劍工仇鳩良製劍火工第一。洪武平滇，於段府得大小十三，中有殘缺四劍，內女兒劍二為藍玉所取。沐英得五劍，賜余一。果刃可吹髮削鐵，曰「雪峰」，蓋南詔晟豐佑鑄雙劍，淬火於雪峰巔，極硬。磨劍，半載始成。原劍鞘年久損。段正明用此劍配新鞘，以原寶石鑲於金鞘，無價之寶。徐進後得一女兒劍，賜其女鳳玲。後沐晟取玲為室，平麓川思叛，一代巾幗將門虎女。事平歸住余家，余為其書歸師，余題詩：「白馬雕弓楊柳腰，巾幗阿玲分外嬈。鸞佩叮噹女兒劍，沙場廝殺有奇招。得勝歸來拉郎手，三軍面前嗔撒嬌。將門虎女婀娜影，花前月下更風騷。」

2、對打競技，極為真實：

競武；應文武試；連砍數刀；比武賽詩；武壇打擂；演武點將；按期演武；開科設武舉；拔劍與蛇鬥；一箭射入口；武試居寺之三；皆敗於其手下；一劍深刺其腹；弓箭不入，刀槍難傷；張銳拔劍，二人鬥之；連砍十餘刀，連刺數劍；神射、箭射、連發二箭；競技於校場、騎射第一；精文崇武、騎射皇族第一文武百官演武、習武考試地；武者演武，與寺中高僧比試；被清源點中腕穴，棄劍於地；摯棒與豹鬥，豹斃棒下而勇名揚；力能扳牛鬥而雙

分之，臂力國中第一；以奇法制，雙方爭者突手足無力，癱軟難鬥；飛騎隊以長矛為主，以宋武穆王岳王槍法制敵；製快刃三十六把，利劍一對。赤成周身縛劍如蝟，與雌縛鬥於陽坪；

慕無為寺了塵禪師奇功，交手三日，無勝負；嫂有女鳳嬌，自幼與其兄沐春同時習武，拜師大雲高僧，精劍法。與其同習者方政女惠玲，常與沐春對打，而兄不敵妹；二女怒踢惡少於丈外，皆骨折。

瞬間，二女以飛腿踢翻二十餘惡少，皆斷其腿手；二女得大雲傳飛簷走壁輕功絕技，常隨師遊，喜打抱不平；與清源搓議劍法，戲鬥。清源以蠻竹片為劍，與諸將鬥；幼練輕功，能躍樓簷，輕巧如燕。

余老祖常觀其技，每與其交手，皆敗其手下；先空手與鬥，後執械與鬥，丐以手中竹杖擋而對攻；天秀，幼習刀馬，技高深，與啟龍戰三日無勝負；

3、擂台比武記述甚詳，以往極為少見：

■ 《蒙氏演武場》

蒙氏建南詔以來，漸強。自張虔陀事發，而天寶戰爭起，閣羅鳳集三十六部兵操練於羊苴咩城南，中峰下觀音坪。蓋觀音坪源於羅剎，妖女本西方飛天神王羅剎之三女，至西洱河，占地為王。喜嗜食人目，每月必食一人睛。眾苦之，乞於土祖祠。頭人夜夢土祖顯化：日當有一貧婦，牽一黃犬乞食於人家，求之可解。次日，有老婦年七十餘，牽一犬乞食。頭人與之，並言羅剎之罪，求老婦降之。婦諾，化少女，以海螺為人睛與羅剎，羅剎果食，

味美極。

少女笑問：「要食幾雙？」羅剎示以一籃。次日，少女取五百螺取肉為晴。羅剎食即嘔，所吐皆鐵鏈，拴羅剎心，強逼羅剎借地，以黃狗跳三跳數，袈裟披一披。剎諾。少女化廣法觀音法像。黃狗三跳百二十里，袈裟一展蓋滿洱河點蒼。治羅剎閣崖，押之於崖窟。至此，洱河河民以點蒼觀音會羅剎地為觀音市。每年三月中，以朝觀音，踏歌，易物，每年如是。至南詔而按期為市。閣羅鳳於天寶戰發，而演武點將。點蒼神祠前建有點將台。至此，每年三月按期演武。

至大理國立，三月十五至月尾為觀音市。寺僧同時集於崇聖寺，作水陸大法會。是月，崇聖寺、無為寺、羅荃寺、華藏寺四大住持，於觀音市法壇講經論法，多答辯。強者賜以金線袈裟，於十五日稱法擂。十六起為武壇打擂，擂主為頭年武擂之魁。打擂者，上至皇室子弟、僧侶，下至庶民。宋室逃亡三迤者，皆可爭奪，勝者為主。擂期三日，擂台每年取武士六人，授以武職，用於軍。至段氏降元，元廢舊制而開科設武舉，仿漢制。

▓ 《雲池道人》

雲池道人鍾慶和，西蜀人。元初人大理，時年十九。時，大理總管段忠招募教練，設擂於點蒼三月神社廟會。以八將守擂，打擂三天。

大理路諸官兵上台打擂，兩百餘人皆敗。至第五日，晌午，一蒙古牙將道吉攻破五關，獲金五錠。至第六關，守關將高士傑為雲南高氏後代，精南中諸拳棍，屢戰立奇功，居大理路諸將之三。與道吉交手至日落前，突改拳

路，以南天擒魔拳擊道吉。一拳出手，中道吉，肩骨碎折，垂死。蒙古營兵四百，知主將下擂骨折，群起執械與段忠部將打鬥，難分解。突一道士，年少秀質如美女，以奇法制，雙方爭者突手足無力，癱軟難鬥。脫道吉上衣以藥敷之，霎時道吉甦醒。又以一藥丸餵道吉，食而痛減，曰：「無事。行台打擂，兵家常事。打者雙方難免傷折。上擂本自願，現傷者將無礙，勿再爭。」言畢施法，眾解。

段忠請道士入府，盛待之。知道士為峨眉山白雲觀冷冰道長弟子，雲遊至點蒼。自幼隨師採藥行醫，喜劍術，煉丹劍，忠願識劍。鍾慶和曰：「劍本元氣，無形，使用則氣出如絲，外纏光華如虹，可於百步傷人。」言畢，庭中有二丹桂，鍾慶和氣出如絲，纏二丹桂，葉落如雨，立盡，枝枒全削盡。忠贊曰：「五百餘年間，點蒼多奇人，博廣異術，無此異功。天地之大，無所不存。」忠問：「願為官否？」和曰：「山野之人，志在修真，戒與人爭，無富貴榮華，老在山水。」忠曰：「點蒼甲秀，吾敬道長人格高潔，願道長留居點蒼。自古釋道二家，高人輩出，均有自主寺觀。吾願捐地一塊，建道觀一座，道長有一棲身之所，再遊三山五嶽。每歸，吾將常相會，可否？」鍾慶和諾，建玄機觀於清碧溪龍池東南，自號雲池道人。收弟子二人，皆葉榆世胄子，取名陽合子、玉合子。教奇門遁甲、吐納諸法，皆身輕如燕，行於流水而不沾濡衣。精歧黃，施藥濟民。

鍾慶和常雲遊四方，歷四十餘載，依然貌似少年。眾知鍾已得延年長生術。至正年，曾與段功交往密。功歿，

嘆曰：「吾當遠去矣！世人再無知音人。」後不知所終。後楊桂樓遇陽合子於帥府，並拜陽合子為師。陽合子授鬴奇門法數。

六 《書鈔》記載的張三豐是活生生的真實，毫無「神仙」「玄虛」「迷信」只說，不愧為太極拳之祖。

《書鈔》記載張三豐「博學經史，過目不忘」、「劍技之精，前無古人」、「武技冠天下，智謀超群」、「精研太極，創武學，自成一家」。

稱「張三豐玄素道長」「玄素道長即三豐真人」「三豐化名玄素」，說「洪武知張三豐本天下奇士」，而「歷為太祖敬重」。這三部名人筆記出現的「玄素」、「張玄素」、「玄素道長」或「三豐」、「張三豐」、「三豐道人」、「三豐真人」即多達 50 處，有關他的事蹟，他和沈萬三、建文皇帝（允炆、應文和尚）、洪武皇帝的關係，以及永樂皇帝為什麼派胡濙尋訪，都記錄的比較清楚。

《佛道傳點蒼考》
「孫不二、張三豐、趙飛全先後至點蒼」。

《程濟道人》
「每逢應文出遊，必隨行，與玄素等暗護之」。

《空心樹僧》
「時張玄素、沈萬山、無依道長、弘修師太聞訊而至」。

《僧奴傳》

「與南中無極、達果、安道、桂樓、繼白、玄素齊名，為南中七隱」。

▣ 《陳玄子傳》

「永樂癸巳，會張玄素於玉皇閣，論道一句。為《無根樹》譜道士歌，廣流三迤」。

▣ 《蒙古人崇道》

「至元末，武當玄素等入南中，居點蒼斜陽，授以陰陽周易。以內丹之說，外氣巧運循環始復而授人」。

▣ 《沈萬三入滇》

「洪武知張三豐本天下奇士，令佛登訪尋，佐朝輔國。知萬三與佛登善薦，尋得赦，後與玄素入朝面君」。

▣ 《東山神蟒》

「至正年遊中原得大法，與佛燈、玄素為至交。」「洪武二十五年，大雲、張玄素應詔入京，隨佛燈朝見洪武。」

▣ 《達果和尚》

「洪武二十五年，與楊黼、寶姐共結七子詩社，世稱南中七隱。後與玄素、應文僧三遊中原，多次救文於危難。」

▣ 《玄真觀雷神殿與火神殿》

「綠陽本紅拂輩，自建文入浪穹，與建文交往密。綠陽父萬三，本張玄素弟子，素居茅草哨靈鷲觀」。

▣ 《應文和尚》

「張玄素至，攜應文至浪穹觀音山薛蘿崖畔觀音箐側，建蘭若寺。」「洪武二十五年，與玄素入京參洪武，暗扶皇孫。」

《僧無極》

「無極善詩文，為南中七子之一，與楊安道、楊桂樓、段寶姬、達果、繼白居士、沈萬三、玄素道人、程濟、應文和尚交往密，多詩詞應和」。「洪武二十四年，二次入京，薦無依、玄素於大內。」

《丙穴魚》

「玄素遊寅潭曰：『神虎十萬八千，色紅似火，居江河岸以魚為食，曰魚虎。通靈多疑，西珥河有此怪必然，虎化寅塘，寓言也。大士本菩薩，菩薩大慈大悲。南中自南詔至今六百餘載，桑田滄海，天地運化。昔海今陌，佛道一理，逛言為真。日久成形，那來虎大成坡，口吐鮮血八百載。但丙穴魚味美，老道垂涎，連食一句不倒胃。神虎口饞而遭禍，老道何時戒口，善哉！』」

《白鶴道長》

「後與張玄素遊中原，不返。」「洪武二十八年，張玄素至南中住玉泉觀。逢中秋，題藏頭詩於壁：『八月十五逢佳期，（月）下訪友遊故居。（古）人幾多能悟道，（首）推太上繼純陽。（易）經常演周天卦，（卜）者何必弄玄機。（幾）度春秋稱雄霸，（西）山暮雨幾多情。（青）山常隱朝中相，（目）似流星鬥牛寒。（二）十年前洞仙子，（一）夕兩鬢現白髮。（友）情難寫無根樹，（寸）心難了二世因。（大）覺大悟深山隱，（心）猿意馬靜則平。（十）年磨劍紫霞現，（見）爾真性在玉泉。』」「建文出走，得大雲、無極二師力，得度出死門。入滇，大雲度之，法名應文，後與落陽居士、桂樓居士、蘭雪道人、達果和尚、張玄素為伍，暢遊五嶽三山，

誰識真龍托情山水。」

■ 《張三豐入滇記略》

點蒼古靈鷲山，為釋迦聖地。大理國羊苴咩城南十里
有妙香國址，傳為慈航渡世，化女身妙善而正果。元中，
張三豐道成入滇，為段氏座上食客。段慶元留，謝之返中
原。明洪武十七年，洪武求張三豐入朝佐政，三豐知而遁
雲南。洪武二十五年，朱標太子逝。太祖托佛燈訪三豐，
得之。托扶皇孫允炆。

三豐化名玄素，入滇。得僧大雲禪師入京，洪武托以
身後重任，共扶允炆。二人婉言謝之。洪武苦求，諾炆遭
離難，可著僧裝入滇籌事。帝諾，願保其安。三豐求洪武
暗赦沈萬三，與豐入滇籌事，帝諾。

三豐入滇，沐英歿。晟承職，助三豐居點蒼斜陽峰後
山，建靈鷲觀於四十里鋪側。靖難，建文流滇，胡瀠暗
追，馬三保父暗捕，三豐、大雲、達果、楊黼、段姐助之
而化險。二十八年後，三豐入雲龍，居虎山。後入人蘭
州，不知所終。

■ 《沈萬三秀戍德勝驛》

洪武十九年，遼陽撥軍犯四人，並附牒文。義兄沐英
亦附書於後曰：「此乃江南第一巨富。因修南京城，出資
可敵國資。因犒軍事而動帝怒，而沒其家，並發配遼陽十
二年。」蓋今因沐公與萬三秀有舊交。帝詔英人京問雲南
事。英本高帝義子，與帝無所不談。侃及萬三事，帝怒已
平。英曰：「萬三通理財，求帝撥萬三父子入滇，為西路
理財。」帝曰：「可。」令太監傳諭，撥沈萬三父子戍
滇。入滇後，居沐府三月。萬三覺省上煩亂，願隸籍大

理。英發牒隸天威徑囚籍。入館，余與萬三會。

牒文：「萬三名富，字仲榮，湖廣南尋人，父沈佑入贅蘇州陸姓女。一晨，伐二冬青樹，掘其根，有石窟。啟之，得金銀無數，足可敵國。後建錢莊，遍數千里，而暴富。國初，出資修南京城過半。高帝後得知萬三築蘇州街以茅山石鋪路心。高帝怒曰：『吾京城無此豪華之路，大膽妄為！』而除之。虧馬皇后說情，定抄家流放罪，先充軍遼陽。洪武十九年，撥雲南總兵府。」

余得萬三父子，安其子於合江鋪哨，並為其脫籍為民。後於永樂初至拓東經商。萬三時年六十餘，崇道，通奇門。洪武二十六年，張三豐、玄素道長知萬三寓德勝驛，而雲遊龍關，至驛館與萬三會。余久慕其名而苦留之，而諾，出銀八十兩，建靈鷲觀於茅草哨西，點蒼馬耳峰後山麓。

蓋三豐道人本萬三師，萬三年暮，願隨師靜修，余許之，隨三豐主持靈鷲觀。余每年常至其所，十分清靜，但江水洶濤躁耳。三豐曰：「入道者，聞聲而不聞，驚雷亦平常耳。」萬三常與三豐遠遊。三豐精周天太極，萬三亦然。劍技之精，前無古人。余素好武，得其傳三百八十四劍罡步，久練而輕身。萬三每月必至驛中，余無事則與其談古論今，始知其學識之精。

後應文和尚入雲南，程濟、王升二道人保應文僧常至靈鷲觀。每住少則十餘天，多則月餘。永樂十二年，萬三遇赦而至子所，隱居西山，號「西山逸叟」。

《張玄素入點蒼》

張玄素，遼東懿州人，生於元初，乳名全一。元初人

學，取名通。才智超群，博學經史，過目不忘。入仕，淡功名，喜清閒林下。先生身材高大，龜形鶴骨，大耳方頤，青鬚如戟。初拜碧落宮白雲長老為師，悟修身之道。後遇全真道士邱處機，傳吐納而悟。辭家遠遊，學道於火龍真人，得延年術。後至寶雞金台山，精研道學，號三豐道人。道成遊天下，至武當，結篷於玉虛台，精研太極，創武學，自成一家。以陰柔陽剛、剛柔兩儀四象而創太極三功，即內丹太極劍三百八十四招，太極兩儀拳三百八十四拳，陰陽太極掌。

至正年，玄素入滇，與點蒼中峰玉皇閣道長陳玄子識。留居一載，與段總管識，成忘年交。玄亮與玄素同一師門，談甚默契。玄亮將玄素著經《上聖靈妙真經》、《大聖靈應真經》、《大聖靈通真經》，配以絲竹，曰《三玄妙談經》，由玉皇閣十八道士、段府十六樂工共習，談演於五華樓。葉榆四千餘軍庶，聆聽於樓下，由朝至暮，無一退者。至此，靈妙大洞仙音始為世人識。

玄素傳拳劍於段氏二子一女，及玄亮弟子靜超、靜遠。後返武當。洪武二十六年，與雞足山無依禪師至點蒼，為洪武皇孫事重託，定居點蒼，建靈鷲觀於茅草哨西，收弟子四人。建文出走入雲南，玄素派弟子與點蒼段氏、楊氏、張氏子女，西平侯沐氏女共暗輔之。與應文僧常遊中原，歷二十八年。

玄素行蹤如風似雲，壽二百餘，依然童顏不改。食則斗米，葷素兼食，無口戒。閉關可十月滴水不沾，不進飲食。出室則遠遊，歸則講道傳教。著經立說，寫《寶懺經》五部，皆度世論述。詩集《無根樹》五百餘，皆煉丹

度世。

常與沈萬三及女線陽居士、楊黼同遊。常題詩三迤諸寺觀牆壁。後入雲州，居天池。成化年羽化，其遺物遺稿存於靈鷲觀楊元鼎、鄭元春處。余多次遊靈鷲觀，於其五代傳人守銓處觀諸詩稿，抄詩百二十首。守銓示一木匣，藏武經四卷。余家雖世代千戶，貫使長械，守銓與余摯交，授余拳術，形柔態美，氣布全身。一旦遇敵，拳力暴發，排山倒海。

余勸守銓傳余侄。銓曰：「祖師有言，武經只傳一脈。除非本門當家弟子全傳，不傳外人。」祖師另一留言：「不許立碑立傳，以免暗保建文事露，患殺身災禍。」觀中有密窖，中有石匣，諸經藏其中，外人莫知。

■ 《應文高僧潛隱南中軼事》

余祖李浩，少年從戎，隨西平侯沐英共保高帝。南征北討，戎馬疆場，數歷險境。洪武十五年，平滇得大理，襲德勝驛千戶，取土官王義女為室。至此，世代定居戰街。家祖屬定遠軍，沐將軍與太子朱標，本結義兄弟。家祖與標善，皇孫允蚊自幼相識。

高帝崩，般立，建文叔侄之爭，終至靖難。建文出走，於永樂元年正月抵滇。見沐晟、沐昂於書室，求苟安之地。沐晟三次與父沐春入京，與般交往密。見帝已祝髮，釋門弟子，始心落。知已更法名應文，隨行有應能、應賢二僧，皆心腹隨臣。

余祖，時在西平侯府沐老夫人身邊，稟告滇西雜事。謁建文於後廳，君臣痛哭。帝求安身之所，余祖直言：「點蒼自古為藏龍之地，可以棲身。」帝曰：「燕王已派

人追捕，必至點蒼暗察，非棲身之地。余師無極師兄無依禪師，多次入京。道衍探知底細，曾人蕩山寺暗尋，不去為好。」老夫人曰：「永嘉寺離省城百餘里，可先至永嘉寺棲身。若有風吹草動，也好周旋。」

居三月，胡瀅派人入滇，馬三保父下人通風大內，瀅派人擒應文三僧，幸鄉人搶先報信寺僧，得由後山小路出走，繞道姚安，插安南坡，夜走洱海衛，越九鼎山至德勝驛。尋余先祖於驛館，余祖浩招待，知靖難始末。居三天，因驛館耳目眾多，夜送三僧至尖頂峰達果住所無為寺紫竹院禪室，居兩月。時無依禪師至，師徒相會，入雞足山羅漢壁無依住所。

至次年春，應文三僧與先臣相約，遊邛崍，至峨嵋，出資陽，遊大竹，至重慶與程濟、廖平、宋和等舊臣遇，至襄陽王芝臣家，後居廖平家。至八月，至吳江史彬家，居三日，祭祀諸亡臣而別。遊於江浙，至三年春，重遊大竹，與杜景賢重逢，居半月而別。丙戌年夏，返滇居西平侯家半月。有人密告馬三保父。由應能、應賢、程濟陪至獅山白龍洞，居三月。永樂派三保父率兵二百搜山，幸寺僧見官兵入山，而逃脫。歷半月，至德勝驛，居三日。胡瀅派人檄文至，暗捕建文。知難以棲身，連夜送應文三僧至茅草哨西靈鷲觀玄素道長住所。

蓋玄素道長即三豐真人，因受高帝重託，於洪武二十五年朱標太子去世後入滇。為保允般有退路，保生存，重託玄素、大雲，大雲即無依禪師。皆武技冠天下，智謀超群，歷為太祖敬重。曾預置三僧衣牒藏奉天殿，皆無依先見之計，建文方從死門逃出入滇。次晨，至觀中，玄素款

之於靜室。至永樂五年，重返白龍庵。馬三保父得知，三次派人搜山，應文等藏身密林得免。

戊子年夏，因白龍庵被馬三保父派人焚之，層林全被焚，一片荒蕪。重入點蒼，居段居士家。應文三僧重遊襄陽，居廖平家。至永樂八年，暗返白龍潭。而胡濙追兵至，遇嚴震，震不忍，釋應文三僧，夜白縊驛中。文知白龍庵難以棲身，從此捨棄，題詩於牆哭別。

壬辰夏四月，至點蒼，會七隱於無為寺。達果親隨三僧至觀音山，遍走南北二箐，於薛蘿崖邊南詔荒廢古蘭若寺為棲所。寺前有深潭，古寺建崖前，可遮風雨。古樹參天，離銀廠十餘里，西至佛光寨十餘里，下至寅街三十里。自古兵家不到之地，景色勝白龍庵。三僧皆喜，至雞足山無依禪師住所，雞鳴啟行，午時可達，十分方便。至此定居。

次年，應能、應賢卒。帝悲甚，收浪穹青索鼻趙金貴為弟子，取法名文慧。至十三年秋，隨程濟及玄素三弟子遊於衡山。至此，往返於各地。每年必歸觀音山，建白雲庵於龍湫西。至永樂二十年，胡濙派人人點蒼、浪穹探尋帝蹤。應文於浪穹觀音箐青水河源三姑娘龍潭，又名滌泉邊，建滌心庵。深山密林，人跡稀到。至二十二年，隨程濟常遊江南天台諸地、普陀山諸地。

至宣宗八年，建文老而悲，祭諸隨臣，蓋諸從亡者先後辭世而生悲。棄庵，至鶴慶，立靜室於黃龍潭西。秋末至巴蜀，會程濟。遊二年，歸點蒼，居德勝驛後靜心禪室。蓋該禪室為點蒼四大高僧常至驛中居室，平房五間，房前遍置花木。後至正德年，改建彌陀寺。至宣德四年，

返觀音山，因庵堂損壞，至鶴慶居龍華寺。

至六年，帝與程濟遊陝西，秋返巴蜀。後遊楚地、江西九江，重遊燕山、天台等地。後至史彬家。返滇回鶴慶。至十年秋，重修蘭若寺，返觀音山。帝有弟子七人，即文慧、文恕、文慈、文悲、文思、文忍、文愆。英宗五年，應文至德勝驛辭余先祖，曰：「葉落歸根。此行雖有程濟等相隨，未知吉凶。」居驛中，詳述往事三日，余祖記於《長生錄》。

嘉靖二十四年，余重抄《長生錄》，始知建文始末，特摘記之。建文後返燕京，眾說云云。余至外祖公家，得程濟書牒，提及應文返宮，再無訊息。

對照上述十八個有關張三豐的條目，在讓我們看看《明史稿・建文帝本紀》和《明史稿・胡濙傳》。

■ 《明史稿・建文帝本紀》

「建文皇帝，諱允炆。太祖高皇帝孫，懿文太子第二子也。太子元妃常氏生雄英，早卒。洪武十年十一月己卯，繼妃呂氏生帝。二十五年四月丙子，太子薨。九月庚寅，太祖立帝為皇太孫，時十六，性聰敏仁慈，好文學。……三十一年閏五月癸未，太祖疾大漸……，乙酉崩，遺詔傳位皇太孫，止諸王入臨，王國吏民一聽朝廷節制。帝服喪，西宮哭踊不飲勺水，哀，脊骨立，辛卯即位，大赦天下，以明年為建文元年。……秋七月癸酉，燕王棣舉兵反……四年……乙丑，燕兵薄金川門……宮中火發，帝及後馬氏崩。燕王發哀於龍江，以天子禮祭葬之。或言帝實由地道出亡。正統五年，有僧從思恩府自詭建文皇帝，土官知府岑瑛以聞，逮至京師按問，乃鈞州白沙里

人楊行祥，洪武十七年為僧，年九十餘，非帝也。錮之錦衣衛，四閱月死：同謀僧十二人，並戍遼東。」

■ 《明史稿・胡濚傳》

「胡濚，字源潔，武進人。生而髮白，彌月乃黑。建文二年舉進士，授兵科給事中。永樂元年，遷戶部都給事中。初，建文帝崩於火，或言遜去，諸舊臣多從者。帝疑之火戮建文帝諸舊臣。五年，遂遣濚巡天下，為訪張邋遢，又名頒御製為善陰騭孝順事實諸書，遍行州縣鄉邑，察人心及建文帝安在。又傳建文帝在滇南。濚以故在楚湖南最久，至十四年乃還。母喪乞歸，不許。起為禮部左侍郎。十七年，復出巡江浙湖湘諸府。二十一年還朝，馳謁帝於宣府。帝已就寢，聞濚至，披衣急起召入，慰勞。濚悉以所聞對，且曰：『不足慮也。』帝欣然意解。漏下四鼓乃出。」

對照《明史稿》，可見史實不虛！

再對照一下《大理古佚書鈔・空心樹僧》的有關內容：

永樂知建文與西平侯屯滇部將交往密，派胡濚探之，故濚訪遍崇聖寺、弘聖寺，五上蕩山寺，三上雞足山，均無建文下落。

一日，濚問空心樹僧：「常駐山間，是否見二老僧與一方頭大耳大口，鼻翼側有一黑痣，痣上有毛和尚出現於此？」應光曰：「五年前我於八百媳婦國見如是三僧，金陵口音，曰將出海西洋遊，有事將永居西洋。」至此胡濚返京奏永樂。蓋永樂派三保太監出使西洋，其心實為一箭雙鵰，明訪西洋而暗除建文，國是家非孰能解之。應光七

十六，圓寂於蕩山寺。

　　故此，鄭和下西洋，追尋建文，應不是「懷疑」或「猜想」，而應該是事實！

　　由此可見，《書鈔》所記載的張三豐史料，也的確是「振聾發聵地為中國武術太極拳尋蹤，揭示迷津。」

七、結　語

　　「國人年十四至五十皆習武」、「國中男人十五必考騎射」，皇帝段正明「六歲習文武，十歲善騎射，十三演陣操兵，十五文能詩詞牘文，武能帶兵打戰……文武全才有德者薦為國君」，後大理一世段正淳「長而勤學精武。十七大考文擢第一，武試居寺之三，而學成入仕。……比武賽詩」，這就是南詔大理國全民習武尚武的真實寫照。由此可見，《書鈔》處處閃耀著古代大理國崇尚中華武術的耀眼光輝和迷人的風采。

三豐宗岳 千古流芳 ｜太極拳研究之匡正源流〈中〉

張三豐太極拳及其貢獻

太極花香飄四海 三豐創拳益五洲
——談太極拳祖師張三豐及其貢獻

隨著《武當》、《少年張三豐》、《太極張三豐》等一系列電影、電視劇的熱播,一代宗師張三豐的威名已如雷貫耳,盡人皆知,其輝煌燦爛的一生正如史載,受人敬仰。他所繼承、總結、集大成的創造了太極拳,使道家養生術發展為技擊武術,進而形成全民養生、全球養生的運動,目前已成為世界上流行最廣、影響最大的健身運動之一(據說世界上已有兩億多人在練太極拳),在多方面為中華民族和世界人民的健康事業做出了巨大的貢獻,被譽為全人類的「大賜恩物」。

一 歷史上記載肯定張三豐的文獻有

《明史·方伎傳》、《大岳太和山誌》首次載有張三豐傳,並載有湘獻王柏《贊張真仙詩》;《襄陽府誌》作《張真仙詩贊》;《張三豐全集》作《太和山尋張三豐故居》;蜀王朱椿有《贈張三豐先生》與《送張三豐先生遨遊》二詩;《皇明恩命世錄》張宇初訪張三豐,有《命邀

請真仙張三豐敕》、《再命尋訪張三豐》；《道家金石略》，作《贈張三豐書制》；《禪玄顯教編》記有張三豐事數則；英宗朱祁鎮《御賜張三豐銅碑》，碑首為篆額，中為誥文，下為張三豐像；《大明一統誌・仙釋》中，有幾處載有張三豐的事蹟；《張三豐遺跡記》寶雞縣金台觀有《張三豐遺跡記》一碑；《貴州圖經新誌》在平越衛中有張三豐傳；《寧波府誌》、《王征南墓誌銘》、《內家拳法》、《張三豐全集・拳技》；《中國道教史》、1989年國家體委科研課題：《武當拳派源流、拳系及內容研究》。

二 史載張三豐遺物、詩、記、書、畫（書法、繪畫也造詣較深）的有

姚福撰《清溪暇筆》、何宇度撰《益部談資》、周嘉胄撰《香乘》、武當山玉虛宮，有萬曆五年（1577）《重建仙樓碑記》、朱國楨撰《皇明史概》、寶雞金台觀，知縣朱炳然刻石、范宗鎮《謁仙師張三豐洞》、王兆雲輯《白醉瑣言》、焦竑纂輯《獻徵錄・張三豐傳》、《棗林雜俎》有《張三豐食器》、《雲南通誌》、《四川通誌》、《同順慶僧遊巴岳》、《大岳太和山紀略》、黃朗生撰《嶗山誌》、光緒間《銅梁縣誌》、《金陵瑣事》、《岷州誌》、《郴州總誌》、《陝西通誌》延安府，中部縣有「張三豐遺詩處，在軒轅廟側，玉皇廟東壁上。碑記元至正庚子（二十年1360），三豐手題。」

張三豐《橋山祈仙台》詩：「披雲履水謁橋陵，翠柏煙含玉露輕。袞冕霞飛天地老，文章星煥海山青。巍巍鳳

闕還仙島，渺渺龍車駐帝城。寂寞瓊台遺漢武，一輪浩月古今明。」吳延傑《題太平石張三豐遺像》、張三豐佝像，原在遇真宮供奉，現在武當山文管所，還有天順年銅像碑。在貴州平越衛，倒馬坡懸崖上的石刻張三豐像。張三豐自畫像保存到現在，是一件珍貴的文物，實值得慶幸。

三 史載張三豐軼事、武功的有

《道統源流》：「好道善劍。」

《大岳太和山紀略》明賈大亨御史《題太和山》：「邋遢劍光妍」；

《大邑縣誌，張神仙祠堂記》：「仙自少膂力過人，善騎射」；

《邛州志》：「善騎射」；

《消搖墟經》：「手持刀、尺……日行千里，……久則猛獸不距，鷙鳥不搏，人益異之」；

《征異錄》亦謂：「手執刀、尺，……登山如飛」；

康熙年間田雯《古歡堂集》中有《三豐道人壁影歌》：「……熊經鳥伸訣自秘……長生思假六禽戲……」；

大明天順六年（公元 1462 年），曾立碑於陝西省寶雞市金台觀碑文：「……之行，足不履地，時人已異之」；

《明史·方伎傳》記：「永樂四年侍讀學士胡廣奏曰：三豐深通道法，拳技絕倫……」；

《徵異錄》：「手執刀、尺，寒暑惟衣一衲……與論

三教經書，則吐詞滾滾……或三五日，兩三月一食，然登山如飛」；

明談遷《棗林雜俎》記：隆平侯張信未顯時，三豐授以鐵錘，命其往擊山洞石磴，告知一、二下即斷，而張信竭盡全力，敲至七下方奏效。張信後為永樂得力戰將，與三豐先師相較則不速遠甚；

山東《泰安縣誌·仙釋》：「……多力，能移禪塔，人目為張拉塔，或稱為張邋遢」；

明鄭曉《今言》稱其「日行千里」；

明姚福《清溪暇筆》稱其「行及奔馬」；

《寧波府誌·張松溪傳》記：張松溪，鄞人也，善搏，師孫十三老。其法自言起於宋之張三豐。

民國間，河南省國術館館長陳泮嶺說：河南溫縣趙堡鎮太極拳，係師承懷慶溫縣蔣先生發，蔣生於明萬曆二年，學拳於山西太谷縣王林楨，王之師曰雲遊道人，有歌曰：「太極之先，天地根源，老君設教，宓子真傳。宓子而後代有傳人，因姓氏未傳，不克詳徵。至三豐神而明之，發揚光大，號曰武當派」（見杜元化著《太極拳正宗·陳序》）。

四 張三豐的著作有

張三豐的傳世之作頗豐，大多是其雲遊時留下的墨寶詩文，關於指導練功養生方面的著作多見於太極拳著作和《張三豐全書》。許多太極拳家及著作認為有「張三豐太極十三式」其總論、總歌、手法圖等。

如《張三豐金丹節》、《金丹小成》、《金丹直

指》、《修養保身秘法》、《金液還丹捷徑口訣》、《金丹秘旨》、《丁道歌》、《無根樹詞》、《金丹節要》、《金液還丹歌》、《大道歌》、《煉鉛歌》、《地元真仙了道歌》、《瓊花詩》、《青羊宮留題》、《無根樹》、《三豐丹訣》、《金丹節要》、《張三豐全集》、《三豐先生本傳》、《張三豐外傳》、《重陽祖師十論》、《運用周身筋脈訣》、《打坐淺訓》、《打坐歌》、《積氣開關說》、《行功十要》、《行功十忌》、《行功十八傷》、《大道論》、《安樂延年法》、《長生不死法》、《超凡入聖法》、《歸源論》、《煉丹大候說》、《服食大丹說》、《聖母靈胎訣》、《製鉛秘訣》、《製銀秘訣》、《製砂秘訣》、《製汞秘訣》、《金精陽炁論》、《金火論》、《九轉龍虎金丹》、《火丹起手秘訣》、《金火論》、《大丹起手秘訣》、《長命金丹》、《煉丹歌詠》、《金丹詩》、《續金丹詩》。

《張三豐太極煉丹秘訣》、《太極拳論》、《學太極拳須斂神聚氣論》、《太極行功說》、《太極行功歌》、《太極拳歌》、《太極拳十三勢行功心解》、《太極長生訣》、《太極拳七十二圖勢》。

五 黃宗羲提出了張三豐創拳說

顯而易見，張三豐博學多才，深諳民間拳法與道教經典，在武當這一聖地和特殊的客觀需求下，吸取外家動功動作，在保留技擊因素的前提下糅合道家內丹氣功精髓，改造為以內丹為體、技擊為用的獨特運動體系和形式，對太極拳作出了集大成的貢獻。所以，著名史學家黃宗羲提

出了張三豐創拳說。

三百多年前黃宗羲在《王征南墓誌銘》中寫道：「少林以拳勇名天下，然主於搏人，人亦得以乘之。有所謂內家者，以靜制動，犯者應手即仆，故別少林為外家。」宗羲子黃百家在《內家拳法》中說：「自外家至少林，其術精矣。張三豐既精於少林，復從而翻之，是名內家，得其一、二者，已是勝少林。」這些觀點和論斷，不僅是太極拳史的，而且也為武術區分內外的認識，提供了早期文字依據。

太極拳是由太極十三勢加上呼吸吐納而組成的。十三勢即八門五步，八門為掤、捋、擠、按、採、挒、肘、靠八種手法，相應於易象八卦和空間平面八個方位，五步即進、退、顧、盼、定五種步法，相應於五行。

《王征南墓誌銘》寫道：「三豐之術，百年以後，流傳於陝西，而王宗為最著。溫州陳州同，從王宗授之，以此教其鄉人，由是流傳於溫州。嘉靖間張松溪為最著。」以後流傳有緒，較為確切（至王征南）。應該說王宗開始「所謂內家者，以靜制動……」的內家拳法，是實戰的武術。而張三豐到王宗，是由十三勢到武術的階段，處於內功術和武術結合過程之中。由此時間推看，張三豐是宋代人；黃宗羲父子的記載也是如此。張三豐制訂了十三勢，也是有根據的。太極拳流傳至今的最為古風式的拳論為：「長拳者如長江大海，滔滔不絕者也；十三勢者，掤、捋、擠、按……原注云，以上係武當山張三豐祖師所著，欲天下豪傑，延年益壽，不徒作技藝之末也。」這明確指出十三勢與張三豐的關係，其他文獻資料的內容與時代均

與此若合符契，可資相互印證。

張三豐為「武當丹士」，從明成祖永樂皇帝口中，也可以看到張的丹功水準。《成祖賜張三豐書》有：「真仙道德崇高，超乎萬有，體合自然，神妙莫測」（以上所引均見《續修大岳太和山誌》卷五）。這裡有理論水準和思想修養的描述（「道德崇高」），也有內外功水準的讚頌（「超乎萬有」，「神妙莫測」），特別值得注意的是「體合自然」，形體怎麼能高度符合自然運動規律呢？就不僅是靜功，而要有動功的形體鍛鍊，即由分解動作到繁難的武功。「體合自然」正是太極拳自始至終由低到高的原則，太極拳歷代名師的拳論和口授的「自然」要求也決不是從成祖詔書中抄襲或附會來的。

人們很有興趣地閱讀香港金庸先生的小說「射鵰」三部曲：《射鵰英雄傳》、《神鵰俠侶》、《倚天屠龍記》，《倚》書把張三豐寫成精於太極武功卓越的人物，宋氏太極拳譜中記載的人物如宋遠橋、俞蓮舟……以及張松溪都給以有血有肉的形象。

其實在武當山從古至今，歷來就有道士們習武的傳統，而且從來就沒有中斷過。

清光緒六年，李亦畬所作《太極拳小序》開宗明義就說道：「太極拳始自宋張三豐，其精微巧妙，王宗岳論詳且盡矣。後傳至河南陳家溝陳姓，神而明者代不數人……」

太極拳作為武當內家拳的一個組成部分，作為武當山道士張三豐所創造和傳播的道家功夫，在當今某些流派所繼承下來的傳統太極拳內容裡，還可以找到其他的依據。

清朝著名的太極拳家李瑞東先生隨其師兄王蘭亭學習太極拳術，藝成之後，又遇甘鳳池之曾孫甘淡然（字霈霖）先生，遂拜甘淡然為師，得其「江南派」太極拳之傳。所謂江南派太極拳實為武當「金蟾派」太極功之俗稱，此派內容十分豐富，拳法分為文、武兩類，文架講「沾」、「黏」、「連」、「隨」之打法，武架講「離」、「黏」、「隨」之打法。其風格特點與陳系諸派大為不同。

　　李瑞東先生後來綜合了自己所得「河南派」、「江南派」、「陝西派」太極拳之精華，熔於一爐，創李派太極拳，形成了一個獨立的派別。李派除了有李瑞東先生所創的各種拳械套路以外，還繼承了許多傳統太極拳套路、器械、內功修練和多種輔助功法。其中就有許多由李瑞東先生傳遞的內容，其中可以找到太極拳屬於道家功夫以及張三豐創太極拳的證據。

六 張三豐的貢獻是太極「十三勢」

　　孟乃昌教授對張三豐頗有研究，曾先後發表了《張三豐考》、《內家武功與張三豐》、《張三豐對太極拳的貢獻》等論文，認為張三豐的貢獻是太極「十三勢」。

　　「長拳者，如長江大海，滔滔不絕也。掤捋擠按；採挒肘靠，此八卦也，進步退步左顧右盼中定，此五行也。掤捋擠按，即乾坤坎離四正方也；採挒肘靠，即巽震兌艮，四斜角也。進退顧盼定，即木金水火土也。合之則為十三勢也。」

　　十三勢就是八種手法和五種步法的總和，被認為是張

三豐提出來的，這個十三勢是太極拳創造的基本依據，並且是爾後歷來多次承認的依據。楊氏太極拳家藏拳譜抄本，把楊氏套路名稱順序，標題叫「十三勢」，李亦畬抄本武氏太極拳套路名稱順序，也叫「十三勢」。換言之，到了後來，十三勢即太極拳，太極拳即十三勢。這當然不是絕對雷同，而是辯證統一，講究樸素辯證法的太極拳時時是這樣認識的（比如「打手即是走架，走架即是打手」，並非二者同一）。此外兩種太極劍套路都叫太極十三劍，兩種太極刀套路都叫太極十三刀，槍或桿子的套路叫太極十三槍，戟的套路叫太極十三戟……。

太極拳以自己民族傳統的認識，五行加八卦，處處強調十三（中國頗有一些十三數字的事物，如儒家有十三經，中醫分十三科；戲劇曲藝音韻用十三轍，五代有十三太保）。以上這些器械也都聯繫著十三勢，而十三勢聯繫著張三豐的名字。

為什麼說十三勢是基本的出發點，是造拳的依據呢？原來各派拳架各式，分解開來無非 是八種勁別、五種步法。「十三勢」拳論告訴我們，歷史上有過這麼一個階段，把符合太極拳要領（虛領頂勁，含胸拔背，沉肩墜肘，氣沉丹田，鬆腰吊襠……）的動作分解開來，提煉出要素式的「十三勢」。這篇拳論雖短，卻非常好，非常重要。它是符合人類認識的正確途徑，有了這個分解的要素，再綜合起來，就變化萬千了。

太極拳源流史料已經向我們提供了宋氏太極拳三十七式，程靈說小九天，殷利亨後天法等。這些是十三勢產生的依據，用科技史術語來說，是原太極拳，或原始太極

拳。承認張三豐，才能承認宋、程、殷，這是很長一段的太極拳前史。

宋、程、殷氏套路（僅存名）的不同式名，曾被（別有用心的人）用來否定它們是太極拳，而有的相同式名也曾被當作否定的依據了。那就是宋氏太極裡的「手揮琵琶」，說者以為這是楊氏太極，因為後者有此式，陳氏太極無此名。而學者孟乃昌的看法是，這倒證明太極拳是唐代就有了萌芽的，楊氏太極命名不是清代時自訂的，而是陳氏口頭相傳給楊露禪未著文字的（這也不是推測，而有陳氏別支通背拳的手揮琵琶小套手可證陳氏原有），現在有了宋氏太極名目就提供了一種自古就有的證據；因為關鍵不是名字，而是實質。

手揮琵琶一式，左手前捌，右手後採的虛步式，不是明清和現代琵琶的拿法，而是唐代琵琶的拿法（據敦煌壁畫創作的《絲路花雨》還有反彈琵琶）。如果清代楊氏據形定名，怎麼也不會用考古的眼光給這個式子定成手揮琵琶。還有一個「攬雀尾」（相當於陳氏太極的懶扎衣，陳鑫叫攬擦衣，通背拳叫攬插衣），現在據宋氏太極和程氏太極都有「攬雀尾」，應該說也是有早期依據的。

獨立的宋氏太極拳在清末民初，以宋書銘為代表人物的出現，也為陳王廷非太極拳創始人提供了證明。說者以為宋氏太極拳實即楊氏太極拳，這實在無需多加反證。試想當時的太極拳大師紀子修（楊露禪弟子），許禹生、吳鑑泉、劉思綬、劉采臣、姜殿臣，「動行皆冠於時」，在往謁宋書銘時與之推手，「皆隨其所指奔騰腕下，莫能自持」，敗於宋，因而諸師均拜於宋門下，執弟子禮。說者

以為宋氏太極即楊氏太極。若真如此，楊氏開基，僅有數傳，學自楊露禪，還是楊班侯、楊健侯、楊澄甫，豈能為紀子修、吳鑑泉等所不知，文字能抄，功夫能拿麼？真是「彰彰之跡，豈容假借」。

二十世紀 80 年代已經找到了一個武當太乙五行拳，亦稱武當太乙五行擒撲二十三式。據當時的傳人金子韜介紹：他在「1929 年秋上武當，居紫霄宮七月有餘。從李合林道長習此拳。李稱此拳係明弘治年間（1483～1504年）由本宮龍門第八代宗師張守性，根據武當丹士張三豐『太極十三式』，並上溯漢末名醫華佗『五禽戲』及道門流派中吐納、導引、技擊等，融煉而成。」（金子韜演授，武漢市武協武當武術整理小組編寫：《武當太乙五行拳》，湖北人民出版社，1984 年），金老先生無意附合太極拳（否則在套路動作中就這樣做了），也並不是為研究太極拳源流而這樣說的，張守性時代上距張三豐鼎盛時代只有幾十年至百年，所以是較為可信。而且可貴的是，不是說張三豐傳授，而是以張三豐的貢獻為基礎編成的，而這個貢獻又正是「十三勢」。

現在的問題是《明史‧張三豐傳》以及《太和山誌》等提到張三豐都不明確說他會武術、創太極拳。這個情況倒比較簡單。因為「十三勢」拳論也說了，武術不過是那時候的末技，「技藝之末」。治史修志諸眾都是封建社會的文人學士，對於一切技藝一般地採取漠視態度，尤其是真正的技藝，個別地方還流露出沾到技藝趕緊縮回去手的心情記述，可見確有清規戒律在。我們可以反問一句：正史和官修志書又寫過幾個武藝精通的人物，或幾個人物的

精湛武藝呢（不是指軍事指揮）？試看：即使《太極拳秘譜》或《太極拳宗譜》裡的張三豐傳，也只是在傳記的末尾提一筆太極拳，因為這也是文士之筆寫成或修訂的。這種寫法不是更強的證明嗎？

封建文人對技藝實際也分了個三六九等，對醫卜星相、對內功（內丹氣功）要重視一些，武術確實被當作「技藝之末」，因為前者畢竟屬於芳心，後者畢竟屬於勞力。現在就說內功，這一點所謂「武當丹士」、所謂張三豐擅內功，記載是較普遍的。有的不僅說到內丹，還說到外丹，點鐵成金，張三豐的徒弟沈萬三，靠外丹術致富，助修南京城等（英國著名學者李約瑟在《中國科技史》五卷三分卷英文原著引用及此，並在醫學分卷中討論張三豐和太極拳）。

說道家內功氣功，就自然聯繫到動功太極拳。太極拳從它的要領（虛領頂勁，沉肩墜肘，含胸拔背……）看，是氣功，由於它作外形運動，所以是動功。這裡就有了動功和靜功的關係，練太極拳要不要練氣功等有現實意義的問題。從道家內丹術看，第一階段都要「築基煉己」，然後才能練內丹（靜功）。動功是靜功的基礎，也是練功夫的入門正路。第一步就是做到體柔，也就是太極拳說的全身放鬆（放鬆不是放空，不是鬆弛、鬆懈）。透過動功打下基礎，一旦上坐去練靜功，順理成章，那真可保證所謂限期次第達到各階段的圓滿功夫。這個動功可以是太極拳或別的動功，其實並不需要太極拳那樣複雜的動作，五禽戲、八段錦或釋家的易筋經都可以。但都不應該只是「空架子」，而應該有拳勢呼吸，效果就大不相同了。

只要張三豐擅內功靜功（這一點是歷史文獻所肯定的），他就走過初步功夫動功這一步，也就有了創造或總結太極拳十三勢的可能。

十三勢只是比五禽戲、八段錦更傾向於武術，但其形式和實質都是典型道家的（任自然，主虛靜，返璞歸真的練法和指導思想），這是非常重要的一點。

太極拳這種道家功夫拳，可以由沒有道教宗教信仰的，以及也不研究道家學術思想的武術家所掌握，但拳種本身必有其道家內在根源，二者並無矛盾，是無可置疑的。另外，道家和釋家都有自己的武術傳統，這也應考慮進去。

張三豐所以成為不大不小的名人，所以夠得上充當威震四海的永樂所表面上追尋的目標，是以張三豐道行亦即內功水準而不是道教理論說教為基礎的。

他的功夫高於同時代的其他人，才使他當時名氣最大，也使他成為總結內功基礎功夫：「十三勢」最適合的人（我們也可試想一下，他只是一個不懂內功而唸經比別人唸得好的道士，這可能嗎？），元末明初的張三豐總結了「十三勢」成為出發點的依據和判斷的標尺，時期上也是不早不晚正合適的。太極拳史並沒有把「十三勢」的總結推到漢、唐，表明是忠實於歷史的。

應該一提的是，太極拳功夫不僅是練套路，重要的還在於名家所介紹的各式單練、八門手法的單練，這在宋氏太極拳論中有敘述，看來也是張三豐十三勢原係單練的遺跡，並且是一種練法上的好形式。因為同樣作為內功拳的形意拳，十二形和五行的單練就比較明顯。

七 張三豐太極拳的承傳

張三豐約百年後，傳承太極拳者，一為陝西西安城東官廳人王宗；一為山西太谷縣人王宗岳。王宗首傳浙江溫州陳州同，州同之後，代不乏人，到張松溪時，武當太極拳松溪為最著，後人稱太極南派，亦有稱松溪派。山西太谷縣人王宗岳所傳太極流派後人稱北派太極。約在明嘉靖年間，一位武當雲遊道人教授王宗岳太極拳，道人未留姓名，亦未留道號，或為張三豐，或為張三豐之徒子徒孫……。明萬曆年間，王宗岳授太極拳於河南溫縣趙堡鎮之蔣發。蔣發學藝功成後將此技法傳給趙堡鎮邢喜懷和離趙堡鎮三五里的陳家溝村陳王庭。此二人各開支派。

趙堡邢喜懷開趙堡派太極拳，歷代代表人物有張楚臣、陳敬柏、張宗禹、張彥、張應昌和陳清萍及武禹襄、張汶與和兆元及任長春、張金梅、張敬芝、侯春秀和鄭悟清、鄭伯英等。

武禹襄開武派太極拳，傳外甥李亦畬，李亦畬傳子李遜之和郝為真。郝為真傳子郝月如，月如傳子少如，故也有人稱武氏太極拳為郝氏太極拳。郝為真傳友人孫祿堂先生。

孫祿堂先生是清末武術大家，學貫太極、八卦、形意，並將它們的優點融為一體，創出極有特色的孫氏太極拳。孫又開孫派太極，代表人物有孫存周、孫劍雲。

蔣發另一弟子陳王庭開陳派，陳氏太極拳代表人物有清代陳長興、陳有本、陳鑫；民國時的陳發科；近代的馮自強等。在 19 世紀末 20 世紀初，陳發科先生在北京廣傳

陳氏太極拳，將陳氏太極拳推出河南，並迅速流傳全國。

陳長興後傳至楊祿禪，楊祿禪開楊氏太極拳，並多年在北京教授，創出柔中寓剛綿裡藏針的楊氏太極拳。楊氏太極拳的代表人物有楊祿禪的次子楊班侯、三子楊健侯。班侯傳侄楊少侯，健侯傳三子楊澄浦。楊氏太極拳鬆柔大方，是流傳最廣的太極拳流派。20 世紀 50 年代國家體委以楊氏太極拳為藍本改編出簡化太極拳，使楊氏太極拳在簡化為二十四式後，更加適合於各類人群鍛鍊，流傳也更為廣泛。

楊祿禪再傳技於全佑。全佑，滿族人，老姓吳福氏，開吳氏太極拳，全佑傳子吳鑑泉。

吳氏太極拳在南方多由吳鑑泉先生傳授拳架，在北方多由全佑先生的弟子王茂齋傳授拳架，南北呼應，使吳氏太極拳很快在全國流傳，成為太極拳中的一個主要流派，並在東南亞廣為流傳。

吳氏太極拳代表人物有吳鑑泉、王茂齋、楊禹廷。吳鑑泉傳兒子吳公儀、吳公藻，女兒吳英華，女婿馬岳梁，弟子吳圖南。

這些前輩百花齊放，各領所長，逐漸發展演變成當今廣為流行的太極六大門派。在所傳的六大派太極拳中，只有趙堡太極拳的傳承不是以家族或血緣的形式傳遞的。

不論哪一派太極拳，都遵從張三豐所立「欲天下豪傑延年益壽，不徒做技藝之末也」的主張。吳圖南活到 105 歲，鄭悟清活到 90 歲，吳英華活到 90 歲，馬岳梁活到 97 歲。還有傅鍾文、孫劍雲都活到 90 多歲。還有些老前輩，雖然生活在社會物質和醫療並不發達、中國人的平均

年齡還很低的時代，但普遍年齡都在 80 餘歲，這些都證明張三豐的主張不是無根之語。這也是太極拳這一古老拳種在新時代能煥發青春的原因。

八 太極拳的輝煌風靡全球

太極拳是威力無比的搏擊術。與「外家拳」相比較，太極拳的搏擊方法有四大特點：

一是太極拳下盤穩定、如樹生根，追求靜態平衡。

二是太極拳注重內勁轉換的靈敏，依靠筋骨肌肉結構的內調發力。

三是太極拳發出的力作用在物體上時間深長，穿透力強。

四是太極拳搏擊時近身短打，與對方沾、黏、連、隨。

太極拳是行之有效的健身術。其防病治病、健體強身的作用與太極拳的特殊要領有關。

一是肢體鍛鍊。太極拳的每一個拳式既有精深的搏擊涵義，又有合乎生理的科學要求。

二是意識鍛鍊。習練太極拳套路，要求心靜如水，全神貫注，以意行氣，以氣運身，意到氣到，氣到力到，可稱之為高級的意識鍛鍊運動。

三是呼吸鍛鍊。太極拳採用腹式呼吸，使胸部寬舒，腹部鬆靜而又充實。

太極拳是獨樹一幟的養生術。太極拳在揚棄道家「內丹術」的基礎上，創造了太極拳內丹功，使太極拳在搏擊時具有了強大的爆發力和抗擊力，與此同時，還獲得了意

想不到的養生效果。

太極拳是辯證哲理的實踐術。我國具有悠久的辯證思想傳統，在先秦哲學史上，辯證思想就形成了兩個比較完整的理論體系，一個是《老子》，一個是《易傳》。太極拳全面地承襲了《老子》和《易傳》的辯證法思想，程靈洗在《觀經悟會法》中云：「太極拳非純功於《易經》不能得。以《易經》一書必朝夕悟在心內，會在身中，超以象外，得其環中，有人所不知而己能獨知之妙。」王宗岳的《太極拳譜》更是一部通篇貫穿著中國古代辯證法思想的哲學文獻，他用中國古代辯證法思想推演太極拳理論，解釋陰陽、動靜、剛柔、快慢的關係，指導太極拳實踐，使太極拳成為中國古代辯證哲理結出的豐碩成果。

太極拳在中國這塊土地上孕育、生長和發展，受到中華民族特有文化素養精深內質的薰陶，這是中國廣大人民群眾對太極拳有著不可替代的特殊情感的根本原因所在。

揮臂如棉裏鐵，無輕浮態。這是要求在進行太極拳套路鍛鍊和搏擊、推手的時候，要沉肩墜肘，貫注內勁，不頂不丟。這一要領反映出中國人含蓄內向、外柔內剛的性格特徵，注重充實自我，增強自我，而不尚浮華，不嗜張揚炫耀，有傲骨沒有傲氣。行氣如九曲珠，無微不至。這是要求在進行太極拳套路和內丹功鍛鍊的時候，心無雜念，精神專注，認真體悟氣的運行。這一要領反映中國人踏實、細緻、求真、務實的思想品質，做事情就要追求做得更好，做出成效，而決不自欺欺人。

運勁如百煉鋼，無過不及。這是要求在進行太極拳套路鍛鍊的時候，架式工整到位，不用僵力，不丟掤勁。這

一要領反映出中國人有著吃苦耐勞、堅韌不拔的精神，在遇到問題時，既敢於果斷處理，又留有充分餘地，善於全面準確地把握事物運動規律。

走架如行雲流水，無斷續處。這是要求在進行太極拳套路鍛鍊的時候，慢中求靜，靜中猶動，式式相連，一氣呵成。這一要領反映出中國人對真、善、美境界的追求，熱愛和平、熱愛生活，與人為善。

較技如雷似電，無堅不摧。這是要求太極拳在搏擊、推手的時候有人當無人，蓄勢如張弓，發勁如放箭，氣沉丹田，氣貼脊背，氣達四梢，瞬間爆發出巨大的力量。這一要領反映出中國人不畏強暴、敢於鬥爭、一往無前的堅強意志和英雄氣概。

太極拳以其神祕的內家拳法和獨特的技擊功效，使無數有志於武事者求之若渴。打遍天下無敵手，人稱「楊無敵」的太極大師楊祿禪，更是以自身的實踐和不爭的實力，使太極拳威名遠播，充分展示了太極功夫的風采神貌。稍後的武禹襄、李亦畬所創的武式太極也開始漸漸在上層社會和文人圈中流傳。上個世紀初，隨楊澄甫、郝為真先生的極力弘揚和傳播，太極拳的影響進一步擴大，並開始走出國門。這一時期的太極大師們注重苦練真功，並竭力課徒授藝、傳教功夫，形成了楊、武兩大流派，名家輩出。楊祿禪、武禹襄、楊班侯、李亦畬、郝為真、楊澄甫、楊少侯、吳全佑以及他們之後的無數名家大師，如群星燦空，不僅在武術界，同時在社會上產生了無與倫比的影響。許多其他拳派的名家大師在接觸到太極拳後，深感此術技高一籌，於是紛紛投奔名師，改學太極拳。這使太

極拳的聲勢影響和隊伍實力更為壯大和雄厚。

他們大多用畢生的精力刻苦研練太極功夫，並著書立說，推動了太極拳拳理拳法的發展和實際功夫的長進，共同創造了太極拳的鼎盛時代。

新中國成立後，太極拳的普及不僅透過傳統的民間方式傳承和流行，黨和國家領導人等也都直接提倡推廣太極拳。早在 1956 年，國家體委就制定了規範的簡易太極拳套路，在社會上推廣。1987 年，鄧小平親筆題詞：「太極拳好」，予以弘揚，極大地推動了太極拳的普及。因為太極拳老少皆宜、姿勢優美、鬆靜自然、不擇場地的特點和系統而科學的鍛鍊方法，已經被公認為修養身心的最佳運動方式，這種局面的形成，歷代太極大師功不可沒。

隨著現代社會的發展，人們的生活節奏和心理特徵都發生了很大的變化，太極拳所具有的高雅韻致、豐富內涵和勻緩的節奏以及在強身健體、修身養性等方面的特殊功效，越來越被更多的人們所認識和喜愛。如今，形成於世界東方的太極拳已經成為世界人民健身、修心、養性的需要，並在全球物質文化交流加快的大背景中，開始真正地風靡全球了。

「21 世紀的世界將是太極拳的世界」，已經成為眾人的共識。

此文見 李萬斌著《武當張三豐承架太極拳》香港心一堂有限公司 2015 年 4 月初版

卷十一——

《唐村李氏家譜》太極拳研究

讀唐村《李氏家譜》

一　《李氏家譜》的發現

河南省博愛縣唐村李家的《李氏家譜》於 2005 年面世。《李氏家譜》編修於清康熙五十五年，編修人是唐村李氏第十代人李元善。李元善本是李仲的兒子，因李岩一子少亡，故李仲將第四子李元善過繼給李岩承嗣。李元善成為李岩的兒子。此譜是兒子記錄父輩的事，應該說具有相當高的可信度。因為父輩的事他大都記憶猶新，遠比道聽塗說真實。此譜寫於 1716 年，李元善不可能預料到二百多年後將發生什麼事，他也不可能為日後的是非曲直埋下伏筆。從這層意義上講，他是太極論戰的局外人。

正因為如此，《李氏家譜》可以被認為是證明太極拳源流懸案的有效旁證。

王興亞、李立炳二位先生在其《李岩籍貫與源流新說——康熙五十五年唐村〈李氏家譜〉的發現及其價值》一文中講到了《李氏家譜》的發現過程。

唐村是一個有一千三百餘人口的村子。李姓占 85％以上。2002 年，族人決定續修李氏新譜。李立炳受族人委託，著手收集有關資料。

在一次訪問中，76 歲的李成秀（女）說小時候見到

家中有個家譜，在弟弟李成海家裡。出於族人的請求，李成海將譜中序文及八世李春茂、九世李信的材料傳了過來，這裡對李信的家世、身世以及加入李自成起義軍的經過作了鮮為人知的記述，序文末署「康熙五十五年歲次丙申秋七月既望之吉十世孫元善頓首拜撰」。

在這將近一年的時間裡，我們根據譜中提供的線索，在唐村對李氏的墓地、宅院進行考察，查尋散佚的墓碑以及各種文獻，又獲得了一些頗有價值的材料，可以確認這個李信就是明末李自成軍中的李岩。我們遂與李成海聯繫，提出看一下家譜，成海十分猶豫，說：現在看那幹什麼，祖上李岩是「賊」，名聲不好，譜上說不叫外揚，怎麼能拿出來呢？經過多次溝通，成海答應讓看讓複印，才使我們得知其譜全貌。

此譜為手抄本，線裝，自訂，書寫在印製的「德茂成」賬本上（按：「德茂成」為商號名稱，印在每頁中縫下端。此商號與李元善有無關係，是什麼關係，無法查核），高 20 公分，寬 15 公分，紅色豎格，每半頁 14 行，中分上下兩欄。

序文按豎格書寫，每行字數在 12 至 17 字之間。書寫公正規範，沒有錯字、掉字和改動之處。世系按各世男性名字設目，目占一豎格，釋文以小字出現，字大小不夠規範，有的一豎格內寫一行，有的一豎格內寫兩行，有的兩豎格寫三行，每頁實際書寫行數在 14 至 27 行之間，每行多則 24 字。有些條目釋文字跡潦草，且有錯字、掉字與改動之處。個別條目內容順次也有例外，如春茂目下釋文中已有萬曆貢生，末尾又書庫生。與其他條目內容記述均

不合。上譜封面右邊有一長方形墨框，內書《李氏家譜》。譜中未標頁碼，現存 25 頁，後面大約四五頁被撕毀，存者均完好無損。

二 《太極拳論》的發現

據李立炳先生介紹，2004 年，為了給續寫李氏家譜提供更多的資料，唐村李氏家族開會，動員各戶翻箱倒櫃，認真幫助查找收集包括碑文、地契、買賣文書等在內的各種資料。第七組 82 歲的李立朝老漢，把李立炳和第四組的李振溫領到家裡，從上房的門簷上，取下一捲紙交給了李立炳。

那捲紙有些朽舊，李立炳小心地翻了翻，發現大部分與修家譜無關，而在李家家譜的目錄上，卻寫有《太極養生功譜》等條目，他感到這些可能有用，就留下了它。在李立朝的家——一座有近三百年歷史的清代老宅，李立朝指著門的上簷說，那捲紙原來就放那個地方。他說那些東西是他老祖爺那時候傳下來的。他老爺和爺爺都喜歡練武，小時候曾見過爺爺打拳耍桿。年輕時就聽他爺交代過家人，「要將這些東西保存好」。後來他四叔李成茂把它交給了他。他和四叔都不識字，上邊寫的啥也不清楚，到他手幾十年了也沒有打開過。

三 《李氏家譜》的內容

《李氏家譜》修於康熙五十五年。修譜人李元善自稱十世孫，這是從唐村李氏算起的。唐村李氏是明洪武四年由山西洪洞縣鳳凰村遷至懷慶府河內縣唐村。李清江為始

祖一世，至修譜時歷經十二世，李元善在譜中自述其生平事略：「字維芬，申氏、毛氏。行四。生三子，長如椿、次如檀，三如圜。生三女。生於明崇禎十五年九月初九日午時。故四門叔信無再出，取侄行四元善為嗣。一門雙挑，仲、信雙立祖，世裔奉祀。早年隨父浙江讀習文武十三勢拳劍槍法，武堂訓導名師。後返河內學府讀習，文武雙修。康熙年以歲貢考太學，先後開封府、濟源、山西教書傳拳，門弟數千。晚年助修李氏族譜，練養生功，資助為村開辦武學堂。有傳。」

這裡所說「有傳」，是指譜中《進士舉人名人傳》中有他的傳，由於此部分被毀失存，無法得知其詳。從這個簡介裡，可知他的實際身分為歲貢考太學，文武雙修，一生以習拳教書為生，在村中開辦武學堂，是一位有名的拳師，熱心修譜事業。此譜有無刻本，不可得知，今所見者為抄本。

全譜設 9 目：

1. 《序》，陳述了唐村李氏族譜的纂修情況與目的，述說了唐村李氏的由來與發展概況，以及李氏主要人物的功德；

2. 《家訓詩聯》，以詩聯形式概述家訓宗旨：尊先祖孝父母潛嚴教子，諧鄉鄰濟危貧弘揚祖風。祖宗雖遠祭祀不可不誠，子孫雖愚文武不可不修；

3. 《世輩續字》，擬定各世輩起名規則，始祖至七世輩字為清天地廉明從政，八世輩以下分東西南北四院續字；

4. 《老塋新塋塋位向口》，記述李氏各世墓地位置與

排列方法，設祖塋位向、新塋位向 2 目。新塋自八世後按東、西、南、北四院分述；

5.《始祖遷誌》，述記明洪武四年李清江由山西洪洞鳳凰村遷居唐村始末；

6.《家譜一至十二世》，按輩分述記李氏世系，起自一世李清江，終於康熙五十五年五月初五日出生的十二世李鶴林；

7.《無極拳論》、《十三勢功歌》、《太極拳養生功譜》，記述的是李氏在無極拳與太極拳方面的建樹，後署記文時間與記者姓名；

8.《進士舉人名人傳》，是為李氏進士舉人與名人所寫的傳記；

9.《後記》，是對纂修此譜作的說明。（按：譜中《十三勢功歌》僅存前半頁，《太極拳養生功譜》、《進士舉人名人傳》以及《後記》之文無存，據譜中所述立傳者有進士李政修、李及，舉人李價，以及李占鰲、李元善、李元明。）就該譜的內容而言，最為重要的兩部分，一是序，二是世系。

《序》中首言修譜情形：「吾氏譜初修於五世祖諱明道，二修七世祖諱政德，今十世孫吾再修矣。」

次言唐村李氏的由來：「謂之元末兵蝗民患，大明初太祖定鼎，分民詔下，移居遷眾，洪武四年，吾李氏始祖諱清江自山西平陽府洪洞縣鳳凰村，徙居河內懷府唐村。弟諱清河同徙居於李窪村。迄今三百四十餘載，世代綿長，子孫繁衍，十二世焉。」

繼言李氏歷世名人事略與功德：「始祖披荊斬棘，蒙

霜露而居焉。當是時，墾田構室，幾費艱辛，而不殫煩者，貽厥後也……故吾李姓日繁，人丁頗富，明清列賢書，舉監生，文武進士舉貢，不可指數。五世祖諱明道，居住懷府開業羽箭行，譽招武雄。六世祖諱從諒，首中歲貢，輝縣教諭，文武皆功。七世祖諱政修，甲科進士，智謀大略，廉治道政。八世祖諱春茂名葉蓁，中貢後人千載寺三聖門太極宮拜師博公武道，習拳渡劍，看星相，讀兵法，弘揚三教合一，論無極養生功十三勢拳，創槍藝，譽傳神功，遊教傳拳於晉、魯、陝、浙、湖廣，數省赫名焉。九世公諱仲、諱信，結陳溝姑表陳公諱奏廷，三表兄弟，太極門拜師結義，樹志文武，競功成名，創藝太極養生功十三勢通臂功，考舉選貢，誘闖賊營，文武智傑，威振賊雄。九世諱及文武志堅，博藝皆功，考舉中進，職廉民擁，啟勵吾族裔，皆楷模矣。世代文武昌熾，進士舉貢頗多，賢稱之文武世家右族焉。」

最後是對族人的忠告與寄託：「謂之前有賢祖宗開之於先，必有賢子孫承之於後，為吾族門文武史潔，識時務，事正道焉。族長嚴訓，謂明末吾族門九世李公諱仲、諱信、諱牟、諱棟、諱友，皆誘人闖賊謀主數將，族裔誠祀之所事，避談籍譜，勿傳揚焉……謂譜牒之上下，條分縷析，以志本木水源之思，以溯其淵源，銘載祖德而不忘序其世系，以垂子孫，勿忘其本，勿奪其序，僅應族人重託，然吾功筆修譜之艱，則以世譜與古老傳聞，敬篆樹庶祖德永垂，以揚前列，俟後來於無窮矣。是為序。」

末為修譜時間與修譜人：「康熙五十五年歲次丙申秋七月既望之吉十世孫元善頓首拜撰。」

《家譜一至十二世》是譜中分量最大的部分。世系以遷至唐村的李清江為始祖一世，直到十二世，按男性設目，一一予以記述。

　　自八世起分東、西、南、北四門，按各世男性名字設目，目按其生年順次編排，目下簡介大體上按照下述要點編寫：姓名、字、號，排行，子女狀況，男，書排行，名字，女，書排行，婚後居住地。本人出身，生卒年月，主要事略。多數都有生年與卒年，世系人譜人設目不分貧富，下限止於康熙五十五年五月五日，凡此前出生的男性，均於譜中立目，此年尚在世的，不言卒年。

四 《李氏家譜》的價值

　　唐村《李氏家譜》的發現，不僅糾正了史籍記述中的訛誤，破解了李岩、李牟之謎，同時也為李岩、李牟實有其人提供了確鑿的證據，具有極高的資料價值。

1、李岩實有其人

　　他的生父是李春茂，字庭壁，號葉蓁，配趙氏、辛氏，行一。生於隆慶二年八月，卒於康熙五年九月。萬曆年貢生。

　　早年依父濟源讀習《四書》、《五經》，後入千載寺三聖門太極宮拜師博公習拳，讀《孫子兵法》，練無極功、十三勢拳，創槍藝箭藝，譽傳神功，弘揚三教，論遊教傳拳，晉、魯、陝、浙、湖、廣名焉。擅觀星相八卦，號三教武功，又稱武傑進士。以教書傳拳為生焉。

　　李岩兄弟四人，大哥李倫，字山，號大用，配陳氏。

生於萬曆二十四年，卒於康熙八年。崇禎年間依東院李可喜承業奉祀。住原武讀習，選中貢生。二哥李仲，字峰，號仲元，化號大亮，配楊氏。貢生。生於萬曆二十六年，卒於康熙二十八年。「天啟年河內府學。文武雙修。與弟信並陳溝姑表陳奏廷千載寺拜師練拳，助奏廷考舉，考官不平，之抱打命案，革辭，避杞縣姨母家傳拳，誘人闖賊營將焉。信遭賊冤殺，仲解甲離闖賊營，赴浙汀弟俊府書社武營，傳拳為生。」三哥李俊，字嶺，號政；配陳氏。生於萬曆二十八年，卒於康熙十九年。崇禎年間依東院李可喜，承業奉祀。住修武學府讀習，考中貢生。官任浙江僉事。

李岩的叔父李春玉，字精白，號晶白，配趙氏、湯氏。出身庠生。依父李政善在開封、杞縣開糧油行。春玉無子，故以堂兄春茂四子李信為嗣。由於春玉字精白，以李信為嗣，所以人們又稱他為李精白之子。

李岩有無妻室，《壽朽近誌》裡載信妻湯氏，不知何據。此載「配陳氏、孔氏」。與傳世家譜捲軸上所載姚陳、孔孺人可相互為證。相傳陳氏為溫縣陳家溝人，孔氏不知為何處人。李岩曾有一子名元斌，譜載「生於崇禎元年戊辰七月七日，卒於崇禎十三年」。崇禎十七年李岩卒時無子，故以其兄李仲四子元善作繼承人。李岩死後，葬於故里唐村南李氏新塋。

譜載九世李仲、李信雙立祖跋新塋，位村正南地，癸丁向，馬道中。兄東弟西，依序排行。唐村族人奉祀不諱，現存傳世李元善一支家譜捲軸上有「二世祖考信字岩，姚陳、孔孺人之神主」。

2、李牟的基本情況是

「李牟，字休。配湯氏。行二。庠生。文武雙修。崇禎七年隨父自奇陝西、山西傳拳，誘入闖賊營為將焉。崇禎十七年遭闖賊殺。」譜未詳牟之生年。他為岩之堂弟。岩生於萬曆三十四年，而他是李參的哥哥，參生於萬曆三十八年，可知他的生年是在萬曆三十五年至三十七年之間。由於他是庠生，能文能武，所以加入李自成軍後，頗受重用，是他引導李仲、李信、李友等加入了李自成軍。

李牟兄弟三人，他是老二。他的哥哥李允，字淶，配陳氏，行一。文武雙修。生於萬曆三十二年，卒於康熙十三年。享年七十歲。耕樵、賣煤為生。他的弟弟李參字浴，配王氏，行二。文武雙修。生於萬曆三十八年，卒於康熙二十六年。李牟有一子，名懷功，譜載「配湯氏。行一。拳師。生於崇禎元年。其父李牟遭闖王殺害後，依仲避浙江李俊府書社助業武堂，習拳成師，遷徙福州傳拳為生，母居千載寺，佛緣為生」。

3、千載寺是太極拳的傳承地

千載寺位於唐村北。原名無極寺，始建於東漢明帝永平年間，至遲東魏武定三年已名千載寺，可參見《北魏僧惠造像記》。在這方面，唐村李氏有著突出貢獻。李元善不僅在《序》中概述其事，指出李春茂弘揚三教合一，對無極養生功十三勢拳有著具體的記述。

世系中載李春茂出身貢生，以教書傳拳為生，並將他萬曆十八年春在太室祠的傳拳訓論的《無極養生拳論》輯

人譜中。他在這裡自述：

「吾練功探感之無極養生功，乃人之無意無形，聯先天極妙之主，體沖和之本，始陰陽動靜之初源也。萬物之生，負陰抱陽，人之真元所從而來，靈明所從而抱無極生太極矣。於此而與五行八卦元通，通則變，完全人身之陰陽，而保此靈明者也。」在談到無極養生拳的作用時，說：「永人之天年，暢達人之血脈筋骨，欲從後天返先天而衛生之術，無極養生功者也……無極養生功，有百益而無一害，雖以之強吾氏族也。」

李仲的五個兒子長元欽，次元臣，三占鰲，四元善，五元明，早年都隨他在浙江讀習，文武雙修。元欽習十三勢拳劍槍法，成為名家，一生以傳拳為生。元臣精於拳術，先後在安徽與河南舞陽傳拳，培育不少弟子。元善習十三勢拳劍槍法，為武學訓導名師，門弟達於數千人。元明習太極養生功十三勢拳劍槍法，在杭州武林界享有盛名，夫妻二人有武功高手之稱。

此譜為李元善所修，就其記述的內容來看，不是取材於已有的史書，而是耳聞目見。由於元善的生父是李仲，過繼給李岩，譜中對李仲、李岩二人事略的記述尤詳。李仲是李岩、李牟、李友的哥哥，與李岩、李友同時參加李自成軍為將，且是在李岩被殺後離開李自成軍，康熙二十八年卒於故里，親身經歷了明清易代的社會變革。由於李自成最後失敗，被目之為賊。值此，作為李岩故里的地方誌的纂修者，著眼於隱惡揚善，保持沉默，從順治十五年的《河內縣誌》，到順治十七年的《懷慶府誌》，對於本地人李牟、李仲、李岩從「賊」事隻字不提。

在這種情況下，李仲唯一能夠做到的便是將自己的親身經歷與所瞭解的真實告訴兒子。父子親情使元善在修譜時不能迴避，他無法擺脫政治與傳統觀念的影響，不能不將加入李自成軍視為從賊之舉，因而告誡族裔，要「識時務，事正道」，同時摒棄來自方方面面的不失傳聞與記述，依據父親提供的材料，將事實真相告訴世人；又不以成敗論是非功罪，充分肯定李仲、李岩的才能，稱他們為「文武雙傑，威振賊雄」。正是這些記述，才使我們確感《李氏家譜》真實可靠。

《武當》2009.7 期

唐村《李氏家譜》中的人物和拳譜

一 關於人物記載

1、《李氏家譜・序》記載

　　唐村李氏「始祖與常陽村陳公諱卜，郝莊陳公諱厚，李窪李公諱清河，劉村蔣公諱培禮故徙途相捨衣食義厚，入寺廟拜聖結義，栽培二柏架葡萄銘物別焉。忘弗年久鹿鹿世裔眷懷，逢年大節蒼龍昂首之日，民樂邑舞，百里跋涉千載寺，逢揖祈三教聖靈，拜謝僧道聖師捨食傳拳養脈恩矣。」

2、《李氏家譜・序》記載

　　「八世祖諱春茂，字葉蓁，中貢後入千載寺、三聖門、太極宮拜師博公武道，習拳渡劍，看星相，讀兵法，弘揚三教合一論、無極養生功、十三勢拳劍槍藝，譽傳神功，遊教傳拳於晉魯陝浙湖廣數省，赫名焉。」

3、《李氏家譜・序》記載

　　「九世公諱仲、諱信結陳溝姑表陳公諱奏廷三表兄弟太極門拜師結義，樹志文武，競功成名，創藝太極養生

功，練傳無極功十三勢、通臂功，考舉選貢，誘闖賊營，文武智傑，威振賊雄。」

4、該家譜李仲條目中載

「李仲，字峰，號仲元，化號大亮，配楊氏，行二，生五子，長元欽、次元臣、三占鰲、四元善、五元明，貢生，生於萬曆二十六年，卒於康熙二十八年。天啟年河內學府，文武雙修，與弟信並陳溝姑表陳奏廷千載寺拜師創拳，助奏廷考舉考官不平之抱打，誅革辭避杞縣姨母家傳拳，後堂弟牟牽誘入闖賊營將焉，信遭賊冤殺，仲解甲離闖賊營赴浙江弟俊府書社、武堂傳拳為生。」

5、李信條目之中曰

「李信，字岩，名威，配陳氏、孔氏，行四，生一子元斌少亡，貢生，生於萬曆三十四年，卒於崇禎十七年。早年依父濟源讀習，後與兄仲、陳溝姑表奏廷千載寺、三聖門、太極宮拜師結義，樹志文武，雙傑成名，創藝太極養生功，十三勢拳劍箭藝，名傳數省，故奏廷考舉考官不平之抱打，誅辭避開封杞城姨母家傳拳，嗣叔父春玉糧行主賬銀，造賑謠，石栗危，糧行破，入千載寺再拳。崇禎十三年，堂弟牟牽誘人闖賊營將焉，十七年遭賊殺，潔妻妾佛緣。取二門兄仲四子元善奉祀。」

■ 關於拳術理論和拳譜的記載

1、李春茂記於明萬曆十八年（1591 年）的《無極養生拳論》載

「無極者，人未練之先，無思無意無形無象無我無他，胸中混混沌沌一氣渾淪無所向意者也。世人不知有逆運之理，但斤斤於天地自然順行之道，氣拘物蔽昏昧不明，以致體質虛弱，陽極必陰，陰極必亡，於此攝生之術概乎未有諳也。惟三教融易聖人獨能滲透逆運之術，攬陰陽，奪造化，轉乾坤，扭氣機，於後天中返先天，復出歸元，保合太和，總不外乎後天五行八卦之天理矣。一氣伸縮之道，所謂無極功能生一氣者是也。吾練功深感之無極養生功乃人之無意無形聯先天極妙之主體沖和之本，始陰陽動靜之初源也。萬物之生，負陰抱陽，人之真元所從而來，靈明所從而抱，無極生太極矣。於此而與五行八卦元通，通則變，完全人身之陰陽而保此靈明者也，永人之天年，暢達人之血脈筋骨，欲從後天返先天而衛生之術，無極養生功者，苟以異端目元遠矣，無極養生功有百益而無一害，雖以之強吾氏族也，謂世裔賢徒大功練而遠矣，謹無極養生論焉。」

2、李春茂所記《十三勢行功歌》曰

「十三總勢莫輕視，命意源頭在腰隙。變換虛實須留意，氣遍身軀不少滯。靜中觸動動猶靜，因故變化視神奇。勢勢存心揆力意，得來不覺費工夫。刻刻留心在腰間，腹內鬆靜氣騰然。尾閭中正神貫頂，滿身輕利項頭懸。仔細留心向推求，屈伸開合聽自由。入門引路須口授，功夫無息法自修。若言體用何為準，意氣君來骨肉臣。詳推用意終何在，益壽延年不老春。歌兮歌兮百四十，字字真切意無遺。若不向此推求去，枉費功夫飴嘆

息。」

這首《十三勢行功歌》載之於清康熙五十五年《李氏家譜・十三勢行功歌》。

3、李春茂所記《十三勢論》曰

「一舉動周身俱要輕靈，尤須貫串；氣宜鼓盪，神宜內斂，無使有缺陷處，無使有高低處，無使有斷續處；其根在腳，發於腿，主宰於腰，形於手指，由腳而腰，總須完整一氣，向前退後乃得機得勢；有不得勢處，身便散亂，其病必於腰腿求之；上下前後左右皆然，凡此皆是意，不在外面。有上即有下，有左即有右，如意要向上即寓下意，譬若將物掀起而加以挫之之意，其根自斷，損壞之速乃無疑；虛實宜分清楚，一處自有一處虛實，處處總此一虛實，周身節節貫串，無令絲毫間斷耳。」

4、李家承記《十三勢拳譜》載

「攬雀尾、單鞭、提手上勢、白鶴亮翅、摟膝拗步、手揮琵琶式、進步搬攔獨錘、如封似閉、抱虎推山、攬雀尾、倒攆猴、斜飛式、提手上勢、白鶴亮翅、摟膝拗步、海底針、扇通背、撇身錘、卻步搬攬錘、上勢攬雀尾、單鞭、雲手、高探馬、左右分腳、轉身蹬腳、進步栽錘、翻身撇身、反身二起腳、上步蹬腳、雙風貫耳、轉身蹬腳、斜單鞭、野馬分鬃、玉女穿梭、單鞭、雲手、金雞獨立、倒攆猴、斜飛勢、提手上勢、白鶴亮翅、摟膝拗步、海底針、扇通背、上勢攬雀尾、單鞭、雲手、高探馬、十字擺連、鵲雀蹬枝、上勢攬雀尾、單鞭、下勢、上步七星、退

步跨虎、轉身擺蓮、彎弓射虎、上步攬雀尾、合太極。」

（可參見徐震著《太極拳考信錄》龔潤田本《楊氏太極拳譜》，並予以對照，幾乎無差：「攬雀尾、單鞭、提手上勢、白鶴晾翅、摟膝扭步、手揮琵琶勢、進步搬攔捶、如風似壁、抱虎歸山、攬雀尾、肘底看捶、倒輦猴、斜飛勢、提手上勢、白鶴晾翅、摟膝扭步、海底針、扇通背、撇身捶、卸步搬攔捶、上勢攬雀尾、單鞭、雲手、高探馬、左右分腳、轉身蹬腳、進步栽捶、翻身撇身捶、翻身二起腳、披身踢腳、轉身踢腳、上步搬攔捶、如風似壁、抱虎歸山、斜單鞭、野馬分鬃、玉女穿梭、單鞭、雲手、下勢、金雞獨立、倒輦猴、斜飛勢、提手上勢、白鶴晾翅、摟膝扭步、海底針、扇通背、上勢攬雀尾、單鞭、雲手、高探馬、十字擺連、摟膝指襠、上勢攬雀尾、單鞭、下勢、上步七星、退步跨虎、轉步擺連、彎弓射虎、上步攬雀尾、合太極。」）

5、李仲所記《十三勢釋名》曰

「長拳者如長江大海滔滔不絕。十三勢者掤捋擠按採挒肘靠，此八卦也。進步、退步、左顧、右盼、中定，此五行也。合而言之，十三勢也。掤捋擠按，即坎離震兌，四正方也；採挒肘靠，即乾坤艮巽，四斜角也；進退顧盼定‧即金木水火土也。」

6、李仲所記《十三勢行功心解》曰

「以心行氣，務令沉著，乃能收斂入骨。以氣運身，務令順遂，乃能便利從心，精神能提的起，則無遲重之

虞，所謂頂頭懸也。意氣須換的靈，乃有圓活之趣，所謂變動虛實也。發勁須沉著鬆靜，專主一方，立身須中正安舒，支撐八面，行氣如九曲珠無微不至，氣遍身軀之謂也。運勁如百煉鋼，何堅不摧。形如捕兔之鵠，神如捕鼠之貓，靜如山岳，動似江河。蓄勁如開弓，發勁如放箭。曲中求直，蓄而後發。力由脊發，步隨身換。收即是放，斷而復連。往復須有摺疊，進退須有轉換。極柔軟然後極堅硬，能呼吸然後能靈活，氣以直養而無害，勁以曲蓄而有餘。心為令，氣為旗，腰為纛，先求開展，後為緊湊，乃可臻於縝密矣。」

又曰：「先在心，後在身。腹鬆氣斂入骨。神舒體靜，刻刻在心，切記一動無有不動，一靜無有不靜。動往來，氣貼背，斂入骨。內固精神，外示安逸，邁步如貓行，運勁如抽絲。全神意在精神，不在氣，在氣則滯。有氣者無力，無氣者純剛。氣如車輪，腰如車軸。」

7、李鶴林所記《打手歌》抄本曰

「掤捋擠按須認真，上下相隨人難進。任他聚力來打我，牽動四兩撥千斤。引進落空合即出，黏連沾隨不丟頂。形觀耄耋能禦眾，剛柔快慢自有為。

彼不動，己不動，彼微動，己先動。勁似鬆非鬆，將展未展，勁斷意不斷。」

此抄本後邊還附有打手要言：「內固精神，外示安逸。彼不動，己不動，彼微動，己先動。」

8、李鶴林所記《太極拳論》曰

「太極，無極而生，陰陽之母也。動之則分，靜之則合，無過不及。隨曲就伸，人剛我柔謂之『走』，我順人背謂之『黏』。動急則急應，動緩則緩隨，雖變化萬端，而理唯一貫。由著熟而漸悟懂勁，由懂勁而階及神明。然非用力之久，不能豁然貫通焉！

虛領頂勁，氣沿丹田不偏不倚，忽隱忽現。左重則左虛，右重則右虛，仰之則彌高。俯之則彌深，進之則愈長，退之則愈促。一羽不能加，蠅蟲不能落。人不知我，我獨知人，英雄所向無敵，蓋皆由此而及也。

斯技門甚多，雖勢有區別，概不外乎壯欺弱，慢讓快耳，有力打無力，手快打手慢，是皆先天自然之能，非關學力而有為也。察『四兩撥千斤』之句，顯非力勝，觀耄耋能禦眾之形，快能何為？

立如平準，活似車輪，偏沉則隨，雙重則滯。每見數年純工不能運化者，率皆自為人制，雙重之病未悟耳！惟欲避此病，須知陰陽。黏即是走，走即是黏，陰不離陽，陽不離陰，陰陽相濟，方為懂勁。懂勁後愈練愈精，默識揣摩，漸至從心所欲。

本是『捨己從人』，多誤『捨近求遠』，所謂『差之毫釐，謬之千里』，學者不可不詳辨焉！是為論。」

《武當》2009.11 期

唐村 李氏家譜
有關武功方面的傳承淵源

一 濃厚的覃懷養生文化是傳承道家太極拳的社會基礎。

　　覃懷為九州之一，地處中原，是華夏文化的最早發源地之一。我國最早養生文化的發源地就在覃懷。《懷慶府誌・雜記》載稱：「尹壽子，相傳虞舜時人，說道經於河陽。」古時將山之南、河之北稱為陽，河陽即黃河之陽，覃懷之地。伊壽子的道經，就是最早的、口頭傳播的、教人如何長生不老的修練方法。說明遠在虞舜時代，覃懷就產生了道教養生的方法和理論。

　　1、《懷慶府誌・金石》載有漢武帝的寵臣東方朔於漢武帝元朔三年寫的《金傘山萬壽觀自然先生贊碑》稱讚李白然的導引養生功：「妙哉至道。無極無窮，無影無形，無始無終，細無不入，大無不容，分別混沌，運幹元穹，造化川谷，備列西東，生育萬物，孕產禽蟲，五行否泰，八卦屯蒙，隨緣禍福，應兆吉凶，非通能著，唯人可宏……」

　　李自然是位導引養生的大師，據下期城《觀音廟碑》記載和地名考證，漢武帝曾親至柏山，向李自然學習導引養生並賜其國姓，准其由李自然名為劉自然。無獨有偶，

在千載寺之牆壁上有石刻導引圖一幅，這是寺院僧道練功的練功圖。這副導引圖與湖南馬王堆漢墓出土的導引圖如出一轍。可見導引養生在我國的歷史上是十分悠久的。

2、魏華存的《黃庭經》。魏華存，字賢安，西晉任城人，自幼好道，24 歲時嫁給南陽（今修武）劉文為婦。後來，劉文當了修武令，魏夫人生了兩個兒子後另居室內修，獨自修練。並寫成了著名的道教養生典籍《黃庭經》，創造了吐納、導引、咽津、存思、服氣之法。魏夫人祠在今沁陽西北的沐澗山，她是上清派的開山師祖。

3、受茅山派宗師司馬承禎、宋代道士賀蘭棲真的影響。司馬承禎是殷王司馬卬的後裔，其始祖司馬卬為溫縣孝敬里，即今博愛縣孝敬村人。他的養生精典是「順氣」，並著有《順氣精義論》。賀蘭棲真是宋代著名道士，長期居住在濟源奉先觀修道，他精於服氣辟穀，其著名著作為坐忘論。提倡由敬信、斷緣、簡事、真觀、泰定、得道七個層次達到「身神共一」，「形神合同」。

4、有藥王孫思邈養生理論和實踐。據傳，藥王孫思邈係十力和尚李道子的朋友。二人常在千載寺探討養生之道。孫思邈的《千金翼方》是十力和尚創無極養生武功的源泉之一。《千載寺唐僧十力和尚》就有「以大明度無極經，道德經、黃庭經、千金翼方、導引吐納，創藝無極養生武功，研傳千載養生醫鑑秘籍」的記載。孫思邈不僅是著名的醫學家，而且是著名的養生理論家，在養生方面著有《存神煉銘》、《攝生枕中方》等。

5、受全真派首領王重陽、邱處機的影響，在千載寺太極宮門前，曾有王重陽、邱處機於金大定三年所題的碑

撰兩石。王重陽所題的是：天下古漢傳奇真教之勝無極寺首焉。邱處機所題的是：千載寺、三聖門、太極宮釋道儒融三教之勝養生之聖地焉。邱處機從金大定二十八年至貞祐四年長達二十六年均在博愛、修武一帶活動，他和全真七子的武術活動和道家養生功法，對開創太極拳產生了重大影響。

這些著名的養生理論家和實踐家，形成了濃厚的覃懷養生風氣，這些著名的養生典籍和養生理論，形成了濃厚的覃懷養生文化。這是《千載寺》和唐村李家能承傳太極拳的社會基礎。

二 李家繼承了《千載寺》古有的太極武功

1、李家繼承了唐李道子所創無極養生武功，從而有了李春茂所記《無極養生拳論》。

千載寺有無極養生文化的傳統，千載寺創建於東漢永平十年，其建寺之初，就以三教合一為宗旨，以無極養生為內容。對千載寺無極養生記載最早的是東漢末年徐庶的母親題撰的石碑，全文為：

「漢失亂權柄，吾族河內行，草木進香咽，無極寺佛靈，故天下三分，故抗兵相加，強於取天下，屍骨遍野土，鼎亂何故焉，國患何益哉，解囊飾寺殿，祈求佛善靈，願大佛慈悲，盼無極養生，保三鼎一統，佑草木繁興，鑑忠奸分明，樹賢良千秋。」

這塊石碑約 3.5 公尺，螭龍碑首，文革時被打為數塊，殘碣現仍存在千載寺遺址。這塊碑文是千載寺無極養生文化的最早記載。

到了唐朝貞觀年間，又有千載寺聖僧李道子，將前代的佛道儒三家理論進行了系統研究，將《涅槃》與《攝論》、《黃帝內經》和《老子》等佛道儒家理論，融合《易經》、《大明度無極經》，創造了無極養生武功。

　　唐村千載寺有通刊刻於清康熙年間的石碑《千載寺唐僧十力傳碑》，記述了唐僧李道子創無極養生武功的事蹟。其傳曰：大唐貞觀聖賜李氏名儒，字道子，號十力，河內人，隋大業十年二月二日河內無極寺、三教門第神龍降凡，馬蘭草母誕世，少即聰，目過不忘，文武醫塑，博藝皆修，《涅槃》、《攝論》、《黃老》經通，弘業釋道儒三教融論，以《大明度無極經》、《易筋經》、《千金翼方》、《導引養生》，創藝無極養生武功，練傳《千載養生醫鑑秘籍》，武練月雪，感之聖菩，夢中授藝，功驚武林，詔住京師，造像西山，化名隱籍，藝傳通泉，醫遊揚州，授賢大明廬山，塑藝傳藝少林，晚秋黃葉，歸故育弟。師曰：「千載養生，勿為霸腐，拳為民生，三教互尊，養生共修，以柔克剛，捨己從人，未成功器，勿名師門，蒼龍抬頭，千載重逢。」

　　奇傳十力大師，養生神通，六旬寂息十八天日，九九重陽，返老還童，星壽一百二十八載，開元中圓寂千載寺三教堂殿，葬儀時，容體柔軟，面色如生，身穿道袍，體蓋袈裟，頭枕三教經書，手持墨劍，僧人立左，道士守右，儒官儀禮，三教經日不散，囑弟秘葬，師賢剎共，勿築志塔，而天下稀及之，大巧若拙，養生神器，故天下莫能勝譽，釋道儒三教合一，博藝皆修，無極養生拳功，勝創先師之爭。

2、千載寺武道李博授拳，使李家太極拳傳世發展。李春茂繼承了恩師博公武道的十三勢拳、劍、槍藝，才有了《十三勢拳譜》、《十三勢行功歌》、《十三勢論》和《打手歌》，以及李鶴林所承記的《太極拳論》。這一點，從上述十三勢拳譜中即可以看出，李氏之十三勢拳與後來流傳於京師的楊式太極拳譜完全一樣，全勢名稱幾乎都沒有區別。

這說明，陳長興當年所傳授給楊露禪的並不是陳氏太極拳，而是李氏的無極拳十三勢。這更說明李氏的無極拳十三勢，就是現在楊氏所繼承的太極拳十三勢。

這一情況同時也說明，所謂陳王廷所創的太極養生武功或太極拳，與李春茂所繼承的十三勢根本不是一回事，是不同的拳種，這和過去楊家的說法是吻合的，試比較看看。

舊傳陳氏老架一路拳譜（見陳慶州《陳氏太極拳功夫薈萃》）：

太極初勢、金剛搗碓、攬插衣、六封四閉、丹變、金剛搗碓、白鵝亮翅、斜行、摟膝、拗步、斜行、摟膝、拗步、演手肱拳、金剛搗碓、撇身捶、青龍出水、雙推手、肘下看拳、倒捻肱、白鵝亮翅、斜行、閃通背、掩手肱拳、六封四閉、丹變、運手、高探馬、右插腳、左插腳、左蹬一跟、前趟拗步、神仙一把抓、踢二起、護心拳、旋風腳、右蹬一跟、掩手肱拳、小擒打、抱頭推山、六封四閉、丹變、前招、後招、野馬分鬃、六封四閉、丹變、玉女穿梭、攬插衣、六封四閉、丹變、運手、擺腳、跌岔、金雞獨立、倒捻肱、白鵝亮翅、斜行、閃通背、掩手肱

拳、六封四閉、丹變、運手、高探馬、十字腳、指襠捶、猿猴探果、丹變、切地龍、上步七星、下步跨肱、擺腳、當門炮、金剛搗碓、收勢。

可以看出，一是架式名稱根本不一樣，出入較大；二是更趨剛勁。三是演練起來動靜起伏變化太大，風格差異較大。

（1）太極武道為李春茂傳授。李氏八世祖李春茂，乃李倫、李仲、李俊、李岩之生父。李春茂拜千載寺、太極宮武道長李博為師，習十三勢拳、劍、槍藝，學而有成，是太極拳傳世發展承前啟後的關鍵人物，記有《無極養生拳論》、《十三勢行功歌》等太極武道理論。《李氏家譜》八世李春茂辭條：「春茂，……後入千載寺、三聖門、太極宮拜師博公習拳，讀《孫子兵法》，練無極功、十三勢拳、劍……以教書傳拳為生焉。」

（2）李仲、李岩、李牟、李俊、李懷功繼承太極武功。九世李仲曾與弟李岩，陳溝姑表陳奏庭千載寺拜師習拳，教書傳拳於開封、杞縣，未久加入李自成軍中，及至李岩、李牟遭受冤殺，仲解甲離闖營，李牟之子李懷功隨之，同赴浙江，投奔浙江，依弟李俊，書社、武堂，教書傳拳為生。

（3）李元善復興張三豐十三勢拳。十世李元善，繼祠李岩，早年隨父李仲，浙江讀習文武。習十三勢拳、劍、槍法，武堂訓導，先後在開封、濟源、山西教書傳拳，門弟數千。晚年主修《李氏家譜》、太極拳秘譜《張三豐先師十三勢法說》，為李元善繼承、傳家的手抄本。

《張三豐先師十三勢法說》簡稱《張三豐太極法說》

（或可稱《太極法說》），為楊露禪傳家之太極拳秘譜，遞經楊班侯、楊健侯至楊少侯、楊澄甫而嫡系秘傳。現行刊本為兩家著作所完整披露：

一見於 1993 年 3 月第一版楊振基演述、嚴翰秀先生整理之《楊澄甫式太極拳》，第七章「楊澄甫家傳的古典手抄太極拳老拳譜影印」，楊振基先生於 1992 年 6 月 20 日書寫《影印件說明》，云：「手抄本太極拳老拳譜 32 目長期在我母親處保存，1961 年末我要去華北局教拳，母親將此手抄本交與我，由於此本作為自己的內修本也就沒有外傳，今趁出書之機把它公佈，讓廣大愛好太極拳者藉此有新的思索和提高太極拳理論水平，這是我所盼。」

一見於《太極拳講義・附錄・太極法說》，即吳愛仁堂珍藏本，此譜為吳鑑泉次子吳公藻著作之香港再版易名《吳家太極拳》一書中所公佈。楊氏家藏本和吳愛仁堂珍藏本同為精良的手抄珍本。北京圖書館典藏抄本《太極拳宗譜・張三豐先師十三勢法說》，僅多出《張三豐先師本傳》。

楊露禪所得而傳家者，乃是李元善的手抄本。為資考證，先掃瞄楊露禪曾孫楊振基先生《楊澄甫式太極拳》古典手抄太極拳譜一頁，再對照《李氏家譜》之譜目的字跡，同是李元善的手抄真跡。或問：楊露禪為何能夠獲得李氏家傳珍藏之拳譜手抄本呢？答曰：古代武技相傳，以能統其宗緒、發揚光大為師門重任，證之李道子明訓「未成功器，勿名師門」，理無二至。

（4）「元善從復始」記述《張三豐承留》。據《太極法說・張三豐承留》說：「神化性命功，七二乃文武。

授之至子來，字著宣平許。延年藥在身，元善從復始。」
這「元善從復始」，元善者，即李元善也。原來，《太極
拳宗譜·張三豐先師十三勢法說》是唐村李氏八世李春茂
得之於千載寺太極宮博公武道傳授，而秘傳李家子弟，至
十世李元善恢復張三豐先師十三拳名目傳揚。

　　李元善在這裡提到了許宣平，說明許宣平實有其人。
證明宋氏太極拳所傳不虛，宋遠橋所記《宋氏太極功源流
支派論》是真實的。

《宋氏太極功源流支派論》──宋遠橋記

　　「所謂後代學者不失其本也。自余而上溯，始得太極
之功者，授自唐代於歡子許宣平。至余十四代，有斷亦有
續者，許先師係江南徽州府歙縣人，隱城陽山。即本府城
南紫陽山，結茅南陽辟穀。身長七尺六寸，髯長至臍，髮
長至足，行及奔馬，每負薪人市販賣。獨吟曰：『負薪朝
出賣，沽酒日夕歸。借問家何處，穿雲人翠微。』李白訪
之不遇，題詩仙橋而歸。所傳太極功之拳名三世七，因三
十七式而名之。又名長拳者，所云滔滔無間也。總名太極
拳三十七式。名目書之於後。

　　四正、四隅、雲手、彎弓射雁、揮琵琶、進搬攔、簸
箕式、鳳凰展翅、雀起尾、單鞭、上提手、倒攆猴頭、摟
膝拗步、肘下捶、轉身蹬腳、上步栽捶、斜飛式、雙鞭、
翻身搬攔、玉女穿梭、七星八步、高探馬、單擺蓮、上跨
虎、九宮步、攬雀尾、山通背、海底珍珠、彈指、擺蓮轉
身、指點捶雙擺蓮、金雞獨立、泰山生氣、野馬分鬃、如
封似閉、左右分腳、掛樹踢腳、推碾、二起腳、抱虎推

山、十字擺蓮。

此通共四十二手。四正四隅，九宮步。七星八步，雙鞭在外。因自己多坐用功夫，其餘三十七數是先師所傳也。此勢應一勢練成，再練一勢，萬不可心急齊用。三十七勢，亦無論何勢先，何勢後，只要一一將勢用成，自然三十七勢皆化為相繼不斷也。故謂之長拳。腳踩五行，懷藏八卦。腳之所在，為中央之土，八門五步，以中央為準。俞氏太極功，名曰先天拳，亦名長拳，得唐李道子所傳。李道子係江南安慶人，至明時嘗居武當山南岩宮，不食火食，第啖麥麩，故人稱麩子李，又稱夫子李。見人不語他，惟曰『大造化』三字。然既云夫子李係唐時人，何以知明時之夫子李即是唐代之夫子李。

緣余遊江南涇縣訪俞家，方知俞家先天拳亦如余之三十七式。太極之別名也。俞家太極功係唐時李道子所傳。俞氏代代相承，每歲必拜李道子之廬。至宋時尚在也，越代不知李道子所在。嗣後余偕俞蓮舟遊湖廣襄陽均州武當山，見一道人蓬頭垢面，呼俞蓮舟曰：『徒再孫焉往。』俞蓮舟怒曰：『汝係何人，無禮如此。我觀汝一掌必死。』道人曰：『徒再孫且看汝出手。』蓮舟怒極，進步連掤帶捶。但未近身，道人飛起十餘丈，憑空落下，屹立無損。蓮舟謂道人曰：『汝總用過功夫，不然能敵我者鮮矣。』道人曰：『汝與俞清慧、俞一誠相識否？』蓮舟悚然曰：『此皆余上祖之名也。』急跪曰：『原來是我之祖師。』李道子曰：『我在此數十寒暑，未曾開口，汝今遇我誠大造化哉。汝來吾再以功夫授汝。』自此，蓮舟不但無敵，並得全體大用矣。蓮舟與余常與張松溪、張翠山、

般利亨、莫谷聲相往還。後余七人再往武當山拜李祖師未遇，於太和山玉虛宮見玉虛子張三豐。三豐蓋張松溪、張翠山師也。洪武初即在此山修練。余七人在山拜求請益者月餘而歸。松溪、翠山拳名十三式，亦太極功之別名也。李道子所傳蓮舟口訣曰：『無形無象，全體透空，應物自然，西山懸磬，虎吼猿鳴，泉清河靜，翻江播海，盡性立命。』」

明代宋遠橋記述其祖學習太極拳的情況及太極拳在江南流傳之經過的拳譜《宋譜》，對太極拳自南北朝至明代的歷史沿革有著詳盡的記載。《宋譜》全名叫《宋遠橋太極功支派源流論》，在 20 世紀初公開其譜。至於顧留馨斷《宋遠橋太極功支派源流論》為宋書銘自著，其祖所傳之「三世七」太極拳為其自造，進而批評宋書銘是「所謂精易理的幕客，好弄玄虛，初非偶然」。其論甚為武斷，論據不足，帶有極左思維。吳圖南先生也從不同途徑得到一部《宋譜》，書名叫《宋氏家傳太極功源流支派論》。吳圖南曾持書與宋書銘家傳的《宋遠橋太極功支派源流論》進行了相互對照，兩譜僅僅在名稱上有一點不同，其他內容完全一致。吳圖南曾請專家對所收藏的該《宋譜》手抄本進行鑑定，經鑑定該手抄本為清初之抄本。這就說明《宋譜》並非宋書銘偽作。

民國初年，道教研究者蕭天石先生窮究《道藏》，發現有不少道教重要經典沒有收錄。為彌補這一遺漏，蕭老先生不辭辛勞，足跡踏遍名山洞府，參訪道佛名師數十輩，得道教南北兩宗之傳，尤多獨得之秘。所收丹經秘籍達 800 餘種之多，多為明清之著作。《張三豐太極煉丹秘

訣》是蕭先生於武當山得之武當道總徐本善之珍藏。後蕭先生到了台灣，潛心整理，選刊《道藏精華》100 餘本，後又得結集出版。

20 世紀 70 年代台灣自由出版社出版了《道藏精華》，全套 17 集，其中第二集就收錄了《張三豐太極煉丹秘訣》。《張三豐太極煉丹秘訣》中收錄有《太極拳七十二路圖譜》、《太極拳十要訣》、《十三勢歌及打手歌》、《太極拳訣》、《太極行功法》，以及太極修道等豐富內容，組成了完整的太極煉丹體系。

《張三豐太極煉丹秘訣》證明張三豐創立了太極丹道，開創了丹道三豐派，對後世武術和丹道修練影響非常深遠，確實是一代大宗師。《張三豐太極煉丹秘訣》中之拳經和現在流傳的各家太極拳相一致，但各家太極拳所傳的拳經都缺少太極丹訣內容，這說明太極拳在流傳過程中，民間各流派逐漸揚棄丹訣修道之內容，崇尚技擊，漸而失其太極大道本來之面目。

李道子的遺教在唐村李氏族人中代代相傳，凡李氏及其弟子所持之拳譜拳論，首頁都寫有一句誡語：「未成名器，勿名師門。」由此可見，在李家所記的拳論和拳譜之後僅記時間日期和所記人名，這才是對的。因為這是他們的傳承，並非創作。

（5）透過比較和研究，也顯示《打手歌》的原始版本實際早已存在於千載寺。現據龍衛東先生發表於《中華武術》2007 年第 4 期「《〈打手歌〉辨證》」一文可知：《打手歌》在楊澄甫《太極拳使用法》中為七言六

句：「掤捋擠按須認真，上下相隨人難進。任他巨力來打我，牽動四兩撥千斤。引進落空合即出，沾連黏隨不丟頂。」

陳家溝《兩儀堂太極拳譜》傳抄本《打手歌》為七言四句：「擠口捋捺須認真，上下相隨人難進，任他巨力人來打，牽動四兩撥千斤。」

陳子明《陳氏拳械彙編》有《擠手歌訣》為七言六句：「掤捋擠捺須認真，周身相隨人難進，任他巨力來攻擊，牽動四兩撥千斤，引進落空合即出，沾連黏隨就屈伸。」

陳鑫《陳氏太極拳圖說》有七言四句俚語：「掤捋擠捺須認真，引進落空任人侵，周身相隨敵難近，四兩化動八千斤。」

2005 年，河南博愛縣唐村李姓家族在修訂家譜過程中，意外發現其李氏九世祖李仲、李信與陳家溝陳奏廷為姑表兄弟。他們姑表三兄弟曾在懷慶府河內縣（即今博愛縣所在地）的千載寺、三聖門、太極宮共同拜師學藝。其康熙朝《李氏家譜》中的原文為：「九世公諱仲、諱信，結陳溝姑表陳公諱奏廷，三表兄弟太極門拜師結義，樹志文武，競功成名，創藝太極養生功，練傳無極功、十三勢、通臂功。」由此可見，當初三兄弟已經明確「練傳」無極功、十三勢、通臂功等。這表明「十三勢」傳自千載寺、三聖門、太極宮。

在蒐集家譜資料過程中，編輯者李立炳還在唐村李氏第十八世李立朝處得到了已經有些破損的手抄本《太極拳論》和《打手歌》等文獻。

李立朝家藏的手寫卷《打手歌》為七言六句：「掤捋擠按須認真，上下相隨人難進。任他聚力來擊咱，牽動四兩撥千斤。引進空落合即出，沾連黏隨不丟頂。」其後還有小記一段：「彼不動，己不動，彼微動，己先動。勁似鬆非鬆，將展未展，勁斷意不斷。」簽署的日期是「大清乾隆五十二年丁未歲次二月講於唐村講武堂」，署名為「李鶴林」。李鶴林為唐村李氏第十二世，是李岩的曾孫，出生於康熙五十五年。

另外，據《李氏家譜》所載之《打手歌》為七言八句，其全文為：「掤捋擠按須認真，上下相隨人難進，任他巨力來打我，牽動四兩撥千斤，引進空落合即出，沾黏連隨不丟頂，形觀耄耋能禦眾，剛柔快慢自有為。」

由此可以推斷，所謂《打手歌》的原始版本實際早已存在，應該是從千載寺陳李姑表學拳時就有了。

三 千載寺唐村《李氏家譜》太極拳的傳播

1、李春茂：「譽傳神功，遊教傳拳於晉魯陝浙湖廣，數省赫名焉。」

2、李仲：「教書傳拳於開封杞縣姨母家傳拳。李牟之子李懷功隨之，同赴浙江，投奔浙江，依弟李俊書社、武堂，教書傳拳為生。」

3、李岩「革辭避開封杞縣姨母家傳拳度日。」

4、李牟：「文武雙修，崇禎七年隨父（李自奇，庠生）在陝西、山西傳拳，被殺後其子隨堂兄李仲避浙江俊府堂習拳成師，後遷往福建傳拳為生。」

5、李俊：據《懷慶府誌》載：「早年隨姨父在修武

糧行讀習考貢，為浙江僉事，開有書館、武館，以書報為業，傳拳為生。」

6、李元善：「早年隨父李仲，浙江讀習文武。習十三勢拳劍槍法，武堂訓導，先後在開封、濟源、山西教書傳拳，門弟數千。」

7、李元臣：「早年隨父浙江讀習，文武雙修，先後在安徽與河南舞陽傳拳育弟。」

8、李鶴林：「在舞陽……，其子李嘉際，文武雙修，文品武德高尚，內功修為深厚，不僅武功了得，而且學識修養也名冠當時。」

9、既然李仲、李信、陳奏廷等從李春茂學拳，李春茂拜師博公武道，那麼有沒有其他人士也曾先後從師博公武道或者李春茂學呢？博公武道、李春茂、李仲等經歷亂世有無雲遊行蹤呢？回答應該是肯定的。也就是說，千載寺內外，會當另有其他人士得其真傳，以至傳遞於南明清初時期。杜育萬所聞先師王林禎學於雲遊道人，殆屬此類途徑。

10、無極而太極，又無極而千載，寺歷千載，寺名幾易；拳歷千載，拳圖各異。滿清開國，千載寺被清兵以藏賊為由而焚燒。清廷又多次明令禁止漢人習武與執服兵器。人物流散，拳技密傳，實時勢使然。

11、李濱先生經考證：「楊露禪所得而傳家者，乃是李元善的手抄本。」

《張三豐太極法說》曰：「懷藏八卦，腳跳五行。手步八五，其數十三，出於自然十三勢也，名之曰八門五步。」又曰：「自己用功，一勢一式，用成之後，合之為

長，滔滔不斷，周而復始，所以名長拳也。」

「十三勢者，掤捋擠按，採挒肘靠，此八卦也。進步、退步、左顧、右盼、中定，此五行也。合而言之，曰十三勢長拳者，如長江大河，滔滔不絕也。」

楊澄甫在其《太極拳體用全書‧例言》中說：「太極拳只有一派，無二法門。不可自炫聰明，妄加增損。前賢成法，倘有可移易之處，自元明迄今，已數百年，如有可改之處，昔人亦已先我行之矣，烏待吾輩乎？願後之學者，弗惟外之是鶩，而惟內之是求。欲進精醇，期日可待。要之，拳式細目，非取形似，必求意合。惟恐私心妄改，以誤傳誤，易失體用之真傳，以致湮沒昔賢之本意，茲照舊本校正，以垂為正範。」

楊露禪傳家之秘譜《太極法說》有《張三豐承留》、《口授張三豐老師之言》、《張三豐以武事得道論》等，言其繼承唐代仙學名人許宣平以來之太極功秘法而集成太極煉丹秘藝，宋遠橋、俞蓮舟、張松溪、張翠山等武當七子均拜於張三豐門下，是張三豐集太極十三勢拳法之大成。張三豐太極拳術經過武當道人雲遊而傳播於道教名山和著名道觀，在道教內部世代相傳，千載寺老道長當有所耳濡目染，致以傳道、授業、解惑為己任。楊氏太極拳保持了千載寺太極拳傳人唐村李家的太極養生功夫形態和原貌。

12、太極拳術源遠流長，隱顯傳世，代有其人。陳家溝太極拳家陳鑫深知太極拳歷史悠久，也曾意圖闡述太極拳之淵源。陳鑫根本不認為陳王廷創太極拳，例如，他在《增補陳氏太極拳圖說‧自序》中追述先人拳技，卻連陳

王廷的名字也未提及。而在《陳氏家乘》之中也只是說陳王廷「精太極拳」。陳鑫說：「太極理循環，相傳不計年。及拳之一藝，不知始自何時，俱未見有成書，歷唐宋元明清。即問有書，不過圖畫已耳。」

陳鑫又說：「拳以太極名，古人必有以深明乎太極之理，而後於全體之上下左右前後，以手足旋轉運動發明太極之蘊，立其名以定成憲，義至精也，法至嚴也。」陳鑫還說：「斯人父天母地，莫非太極陰陽之氣醞釀而生。天地固此理，三教歸一亦此理，即宇宙之萬事萬物又何莫非此理？況拳之一藝，焉能外此理而另有一理？此拳之所以以太極名也。」

這裡，陳鑫言三教歸一本太極之理，不正是張三豐《大道論》所演講的三教同此一道——太極大道的思想理論嗎？《太極法說‧口授張三豐老師之言》說：「三教三乘之原，不出一太極。願後學以易理格至於身中，留於後世也可。」太極拳之藝術形態，雖說因為「性相近而習相遠」，然而其原本不出大道淵源，當為定論。

陳耕耘，自幼得父親授，父仙逝，復師事陳有本以竟所學。耕耘子延年、延禧（按：禧，亦寫作「熙」）。延年子連科、登科，延禧子發科，均能世其家技。延禧走鏢之際，以友誼傳許占鰲，許占鰲傳湯士林、姚馥春、姜容樵。姚、姜合著《太極拳講義》，詳釋功架和《王宗岳太極拳譜》，誠所謂「道人所不肯道者」（張占魁序）。其太極拳勢圖，非陳溝炮捶面目，而與楊澄甫所演示張三豐太極拳勢圖如出一轍，為何與陳發科、陳照奎父子二人所傳世之陳式太極拳一路、二路架式迥然不同？緣由許占鰲

得傳者為陳長興太極拳老架，陳發科所傳者為陳有本炮捶拳架。性相近而習相遠。陳延禧、陳發科父子傳授各異，又何怪哉！

若從流派角度研究太極拳史，則楊露禪乃至楊澄甫所保持的是陳長興繼承的張三豐十三勢拳劍槍藝，姚姜二人《太極拳講義》講述者，可資佐證。而陳溝炮捶演繹至陳發科、陳照奎傳世的拳勢形態，後來被稱為陳式太極拳，沈家禎編著《陳式太極拳》述之甚詳。如此，十三勢拳在傳人陳家溝之時，即已支分派別。雖然當時已為業內人士所識，但是未為世間所認知，而楊敞季子直言不諱的詩句也就顯得晚出了。

楊敞詩云：「都門太極舊尊楊，遲緩柔和擅勝場。不意陳君標異幟，纏絲勁勢特剛強。」從此，陳氏族人不再傳授張三豐十三勢拳藝，而只是傳授陳溝炮捶。即便如此，又有陳照奎拳架與陳照丕拳架之分別。

陳照丕，延年之孫，採入陳鑫舊稿，著作《陳氏太極拳匯宗》。是書列有《陳長興太極拳歌訣》、《陳長興太極長拳總歌》、《陳長興太極拳十大要論·用武要言》等篇。其中，《陳長興太極拳歌訣》云：「縱放屈伸人莫知，諸靠纏繞我皆依……」，與唐豪、顧留馨著作《太極拳研究》所說「陳王廷的《拳經總歌》七言二十一句」完全一致。

陳照丕為陳氏後裔，唐豪、顧留馨為門外炒作，當以陳照丕原著中所言《陳長興太極拳歌訣》之全稱為是。然而，所謂「拳經總歌」，在山西洪洞通背拳亦有之。洪洞通背拳，原名忠義拳。

1936 年，洪洞西鄉高公村樊一魁編著《忠義拳圖稿本》（洪洞榮儀堂），匯述「此拳乃河南郭永福所傳」，「郭在少林寺曾受藝」，「郭於乾隆年間來洪，傳予賀家莊賀懷璧」。忠義拳經總歌、108 勢圖和歌訣，與陳溝炮捶長拳（或稱陳氏太極長拳）契合。

　　據此，陳氏太極拳是以忠義拳架為底本，參照陳溝炮捶和太極拳理法編排演繹而形成的。在陳家溝，直到乾隆年間，陳長興繼承張三豐八門五步十三勢拳劍刀槍技藝，使太極武道嫡系延綿，從而與所謂十三勢即十三折涇渭分明，啟迪著近代太極拳學派的發展。

《武當》2010 年第 1 至 2 期

陳家溝不是太極拳的發源地

——讀《唐村李氏家譜》等文獻札記

關於陳王廷創拳

一 唐村李氏與陳溝陳氏的關係

據《李氏家譜・序》記載：「唐村李氏始祖與常陽村陳公諱卜，郝莊陳公諱厚，李窪李公諱清河，劉村蔣公諱培禮故徙途相舍衣食義厚，入寺廟拜聖結義，栽培二柏架葡萄銘物別焉。忘弗年久鹿鹿世裔眷懷，逢年大節蒼龍昂首之日，民樂邑舞，百里跋涉千載寺，逢揖祈三教聖靈，拜謝僧道聖師舍食傳拳養脈恩矣。」

陳李兩家由世代交好發展為姻親關係。據《李氏家譜》記載，陳李兩家姻親，從陳李兩姓第八代始。據陳家溝陳氏族人回憶，陳王廷的父親陳撫民的碑文記載，陳王廷的母親即為唐村李氏。陳王廷與李岩、李仲係姑表關係，李岩、李仲的姑母，即為陳王廷的母親。

《李氏家譜》載：「李政德，字自然，配孟氏，行二，生一子春茂，生二女，常陽村陳門，次北金村李門。」李政德之長女適陳氏七世祖陳思貴之子陳撫民為妻，生有四子，分別為陳於階、陳王廷、陳王前、陳易弼，是為陳氏第九世。

李氏第八世李春茂生有四子，分別為李倫、李仲、李

俊、李信，為李氏第九世。李春茂的胞妹係陳撫民之妻。故陳李兩家的第九世為姑表關係。稱奏庭為姑表而不稱表兄，又證明奏庭較李信起碼要小幾歲。李信生於萬曆三十四年（1606），則陳奏廷之生年大約在萬曆四十年（1612）左右。

陳家溝陳氏及唐村李氏族人共同認定陳王廷參加考舉的年代，即明崇禎年間。那年，「陳王廷在開封考武舉時箭射風奪巢後，怒殺驚誤報靶的鼓吏而考不取武學，怒殺鼓吏而逃，到嵩山李際遇領導的農民起義隊伍中逃生」（見陳正雷著《中國陳氏太極》），與《李氏家譜》文中講到的李岩和陳奏廷在博愛縣千載寺三聖門太極宮拜師練拳和「考舉時受到不公平的待遇」，三表兄弟一怒而動殺機，殺人之後，李岩、李仲逃到開封杞縣其姨母家避禍的事，基本吻合。

二 關於陳王廷

1、陳王廷殺人而逃，不可能「蒙恩賜」「掃蕩群氛」又去殺「賊」，打農民起義軍。

陳鑫加寫《陳氏家乘》，記述所謂《陳王廷長短句》說：「嘆當年披堅執銳，掃蕩群氛，幾次顛險，蒙恩賜。枉徒然，到而今，年老殘喘，只修得黃庭一卷隨身伴，悶來時造拳，忙來時耕田，趁餘閒教下些弟子兒孫，成龍成鳳任方便……」

試想，一個敢在官府設立的考場上怒殺報靶工作人員的一介莽夫，從此一生恐怕只有（實際上是躲到李際遇領

導的農民起義隊伍中）逃命的份兒了……，哪還能被朝廷重用而「蒙恩賜」，「披堅執銳，掃蕩群氛」，更不可能隨縣長吳從海去攻打農民起義軍。所以，所謂的陳王廷《長短句》叫人難以置信，一定是在造假，《溫縣誌》中隨從縣長的陳王廷可能另有其人。

正像沈壽先生所說：「那僅憑《府誌》、《縣誌》中附帶敘述的『（溫縣）鄉兵守備陳王廷』這麼一句話，也實難確證這個陳王廷，一定就是陳家溝陳氏九世祖陳王廷。因為溫縣大而陳家溝小，古今一縣之中，同一時代同名同姓的人並不少見，又何以見得這個鄉兵守備陳王廷必定是陳家溝人呢？」

2、《拳經總歌》和《長短句》均非陳王廷著作

陳正雷在《中華武術 11999 年第 1、2 期發表的《陳式太極拳源流》一文中說：「陳王廷的著作因年代久遠，多遭散失，現尚存《拳經總歌》、《長短句》詞一首。」

（1）《拳經總歌》

沈壽先生在其《關於明末（拳經總歌）的初步研究》中，透過與戚繼光《紀效新書》拳經部分的《拳經》三十二勢比較研究，最後得出結論說：「從兩文對照看，除《拳經總歌》最後四句結語外，其餘 18 句基本上是參照戚氏《拳經》歌訣來撰寫的，戚氏三十二勢歌訣共有 32 首，計 128 句，而陳氏提綱挈領地撰寫成 22 句綱要性的歌訣一首，故名《拳經總歌》。」由此說明，認為「諸靠」是運用「掤捋擠按採挒肘靠」等八法推手，那肯定是不貼切的。

陳氏《拳經總歌》內容一本戚氏《拳經》，這兩者都不是論述推手的歌訣。但就其拳法的戰略戰術原則而言，那對當今武術散手和太極推手競賽，無疑是具有很好的借鑑作用的。

　　那麼，「諸靠」應作何解？諸靠實際泛指貼靠近身的諸勢，諸如戚氏《拳經》歌訣中有「攪靠」、「滾穿劈靠」、「肘靠」、「靠腿」等等皆是。至於「纏繞」一詞也含有糾纏和環繞之意，即相與周旋，而不僅僅是後世陳式太極拳的「纏絲勁」之謂也。總而言之，《拳經總歌》不等於太極拳的歌訣。

　　事實上，陳鑫就不承認陳王廷有《拳經總歌》，為了強樹陳王廷為太極拳祖師，唐豪不惜用移花接木的手法，把傳授陳長興等陳氏子孫太極拳的趙堡第四代太極拳傳人陳敬柏，劃為陳家溝的傳人。更有甚者，陳氏子孫陳鑫在《陳氏家乘・陳王廷傳》中明明白白寫道：「公際亂世，掃蕩群氛，不可勝計，然皆散亡，只遺《長短句》一首。」這裡已經說明陳王廷沒有《拳經總歌》，唐豪卻在陳氏「兩儀堂」拳械譜抄本上，找了首沒署名的《拳經總歌》，而且硬說是陳王廷所作，為封陳王廷太極拳祖師，找拳經根據。

　　查陳績甫《陳氏太極拳匯宗》列有《陳長興太極拳歌訣》云：「縱放屈伸人莫知，諸靠纏繞我皆依……。」內容與顧留馨在《太極拳研究》中所說陳王廷的《拳經總歌》七言二十一句完全一致。

　　其實，所謂《拳經總歌》，在山西洪洞通背拳亦有之。洪洞通背拳，原名忠義拳。

1936 年，洪洞西鄉高公村樊一魁編著《忠義拳圖稿本》（洪洞榮儀堂），自述於光緒初年習忠義拳（又名通背拳）於萬安鎮楊如梅和喬柏二人。是書卷一中說：「此拳乃河南郭永福所傳。」又說：「郭於乾隆年間來洪，傳於賀家莊賀懷璧。」忠義拳經總歌、108 勢圖和歌訣與陳溝炮捶長拳（或稱陳氏太極長拳）契合。其傳遞簡表如下：

少林寺→郭永福（河南鏢師）→賀懷璧（洪洞賀家莊）→施續文（萬安鎮）→施根林（施洞文子）→楊如梅、喬柏（萬安鎮）→樊一魁（高公村）

郭氏由一行人暗中護衛而以乞丐身分有意雲遊至山西洪洞蘇堡鎮天官府，以誤傷人命為由尋求庇護。抵達之時，在天官府劉某的拳場上，與正在陪伴天官公子演習大小紅拳的賬房先生張秀德和長工賀懷璧較技獲勝之後，又致紅拳教師跌地慘敗，從而留住府中傳授通背拳法的。天官後來回朝，奏聞乾隆皇帝，御賜「神拳郭永福」之號（孟乃昌、陳國鎖《郭永福與洪洞通背拳》，《武林》1998 年第 7 期）。《中華武術》曾經自 1992 年第 9 期開始連續公開發表了《洪洞通背拳》，為張從儉、張小平、沈小紅整理。

（2）《長短句》

「長短句」俚語的作者也不屬陳王廷。

所謂《長短句》，載於陳鑫《陳氏太極拳圖說·附錄陳氏家乘》者云：「蒙恩賜，罔徒然，到而今，年老殘喘，只落得黃庭一卷隨身伴，悶來時造拳，忙來時耕田……興也無干，廢也無干，若得個世境安康，恬淡如

常，不忮不求，哪管他世態炎涼，成也無關，敗也無關。不是神仙，誰是神仙？」

載於陳子明《陳氏世傳太極拳術》者云：「蒙恩賜，枉徒然，……成也無關，敗也無關，誰是神仙，我是神仙。」

兩相對比，後者改「罔」作「枉」；改「興、廢」為「成、敗」；改「不是神仙，誰是神仙」，為「誰是神仙，我是神仙」。而且不錄「若得個世境安康，恬淡如常，不忮不求，哪管他世態炎涼，成也無關，敗也無關」等句。唐豪評論說：「語近贅累，當非原作，疑著此書之陳品三所加也。」（《神州武藝・陳王廷遺詩》，吉林文史出版社 1986 年 12 月第 1 版第 47 頁）。

其實，陳王廷無詩文遺留，這幾句打油歌兒本來就是陳鑫的托筆，是陳鑫懷念先人陳仲牲「披堅執銳，掃蕩群氛」，雖然鎮壓太平軍與捻軍有功，「事平蒙奏，賞六品頂翎」，但最終無所事事的詠歎，而陳子明卻嫌其贅累，故作刪改。

吳敬梓（1701—1754 年）著作《儒林外史》，後人增補第五十六回，而且「綴以詞句如太史公自序」，詞曰：「記得當時，我愛秦淮，偶離故鄉……也共時人較短長。今已矣，把衣冠蟬蛻，足滄浪。……寫人殘篇枉斷腸！從今後，伴藥爐經卷，自理空亡。」（黃小田評本《儒林外史》）。對照這首綴詞，來看陳鑫的托筆之作，東施效顰，何其相似乃爾。

所謂陳王廷的《長短句》，與陳鑫《圖說・自序》是呼應的，似為陳鑫著作《圖說》之後的呻吟。

查陳氏太極拳著作家陳鑫在《圖說》一書中，並沒有

把太極拳創始歸於其先祖陳卜名下，全書之中，連陳王廷的名字也沒有提到。陳鑫說：「自古聖人有文事者，必有武備，但文事有成書，經史子集無所不備。至於武備，則略而不言。自黃帝堯舜以至唐宋元明，總戎機者，雖各著有兵書，然不過步法止齊耳。至於打拳，皆未之及。拳之一藝，不知始自何時，俱未有成書，歷唐宋元明大清，即間有書，亦不過畫圖已耳……我陳氏自山西遷溫，帶有此藝，雖傳有譜，亦第圖畫，義理亦未之及。」「太極理循環，相傳不計年」（《五言俚語》）。

「拳以太極名，古人必有深明乎太極之理，而後於全體上下左右前後，以手足旋轉運動發明太極之蘊，立其名以定成憲，義至精也，法至嚴也。」

「斯人父天母地，莫非太極陰陽之氣醞釀而生。天地同此理，三教歸一亦此理，即宇宙之萬事萬物又何莫非此理。況拳之一藝，焉能外此理而另有一理，此拳之所以以太極名也。」

陳鑫《圖說》對太極拳名義與推原的解說，反映出陳鑫對太極拳源遠流長的總體認識，陳鑫只是說陳氏自山西遷溫縣，帶有此藝，並未說陳氏先祖創有此藝。所謂「帶有此藝」，已屬美言，然而畢竟未說「創有此藝」，則屬事實。

這裡陳鑫雖有增光於先祖陳卜，卻又說太極拳古已有之，但壓根兒沒提到陳王廷創拳的事。　相反，最終以三教歸一亦此理析太極拳名義原理，語本楊澄甫家傳古典手抄《太極拳老拳譜三十二解》，或稱《張三豐太極法說》，有《張三豐承留》、《口授張三豐老師之言》和

《張三豐以武事得道論》。

3、十三勢拳在唐村李春茂沒有外傳陳王廷這個侄子，也談不上和李家兄弟合創。

李岩曾經與二哥李仲和陳家溝小老表陳奏廷有過拜師結義儀式；先拜師，後結義。其師承關係是，李岩、李仲、陳王廷師承於李春茂。李春茂既是李仲、李岩生父，又是一位著名的武術家、武術理論家。李春茂拜師千載寺太極宮老道長李博，唐村人以「博公武道」稱頌之。這位道長收徒傳授十三勢拳劍槍藝，確實功不可沒。十三勢拳在唐村李春茂只是家傳兒孫李倫、李仲、李俊、李岩、李元善等，卻未傳陳奏廷。

李元善在修譜時特意提出：「謂明末吾族門九世李公諱仲、諱信、諱牟、諱棟、諱友，皆誘人闖賊，謀主數將，族裔誠祀之，所事避談，籍譜勿傳揚焉。」因此，唐村李氏世代傳承，密藏其譜從無外洩。

根據現存資料，陳鑫誤將十三勢為「十三折」（十三段）和陳氏十三勢拳勢的套路證明，《李氏家譜》拳論文字資料並未傳到陳家溝。在河南陳氏對太極拳和十三勢的名稱都只是耳聞。所以，陳鑫與陳氏其他拳家均不能確知太極拳十三勢的確切意義。

下面從《打手歌》在陳家溝出現了道聽塗說的不同版本就是一個典型的例證。

陳品三所著《太極拳圖說》，則曰：「掤捋擠捺須認真，引進落空任人侵；周身相隨敵難近，四兩化動八千斤。」

兩儀堂抄本（兩儀堂抄本，亦陳家溝人所抄錄，陳君

子明嘗以示予，欲知其審，可觀下卷《文徵》）則曰：「掤擠攦（震按，「攦」當為「攦」之誤。）捋須認真，上下相隨人難進；任他巨力人來打，牽動四兩拔千斤。」

陳子明《陳氏世傳拳械彙編》（有油印本）曰：「掤攦擠捋須認真，周身相隨人難進；任人巨力來攻擊，牽動四兩撥千斤；引進落空合即出，沾連黏隨就屈伸。」

其實，「太極養生功」並不是太極拳，與「陳王廷創太極拳」說法無關。

（1）從太極拳的經典看，太極拳是由「十三勢」（又稱長拳）改名而成，創「十三勢」之人，才是太極拳創始人。

「太極養生功」在太極拳史上沒有主要位置，充其量可作為太極拳輔助功。因此，「太極養生功」不是太極拳，二者不可混淆。

（2）「陳王廷創太極養生功」之說法，與陳溝前人的史證接不上軌。

陳鑫在 1928 年農曆九月所寫的《辨拳論》（和有祿《和式太極拳譜》第 271 頁），其中有云：「陳氏之拳，不知仿自何人？後攻此藝者，代不乏人，如明之奏廷，清之敬柏，好手不可勝數。」說明，陳氏太極拳不知仿自何人？陳王廷是後攻此藝者，不是創始人。

（3）「太極養生功」構不成一項創造，因為它在陳溝已沒有人學練。

在《文修堂拳械譜》和《兩儀堂拳械譜》都沒有記載此功。陳溝人在此次訪問博愛，才知有此事，說明此功即便果有其事，也早被淘汰。再者，「太極養生功」之名

稱，明顯是現代人的語氣說法，古時不會有這種名稱。

（4）「太極養生功」的編制，若果有其期，也不是陳王廷的功勞。

因此功的編制是李仲、李岩和陳王廷三人，在拜師結義後所編制。是在當地師父指導下的編制。李氏的編制者二人，且在當地長期受師指導，陳王廷是外地短期來訪者，論工作成績，應歸李氏，或歸功與師父。

（5）「太極養生功」只是一個空白，沒有拳譜功法留下，沒有第二份證據與之印證，沒有傳承記錄，與太極拳掛不上鉤，故不能作為「陳王廷首創太極拳」的證據。

由以上觀之，可以認為陳溝自古就沒有得到博公武道或李家的太極拳完整傳授，更談不上和李家合創太極拳的問題。

《武當》2010.4 期

🌓 三豐宗岳　千古流芳 │ 太極拳研究之匡正源流〈中〉

卷十二——

與陳家溝無關的太極拳知多少

青山遮不住 畢竟東流去

——與陳家溝無關的太極拳述列

「青山遮不住，畢竟東流去」。正像發生在民國初年的「宋書銘事件」，不是子烏虛有的杜撰，而是真實存在的武林往事一樣。不管宋書銘多麼神龍見首不見尾，他講述的歷史多麼可疑，《宋譜》的文字從文史角度有多少漏洞，但他所傳授的拳藝，卻是真實存在且確有實效的。如果這不是事實，我們實在想像不出來，當年許禹生、紀子修、吳鑑泉這些拳學大佬，有什麼理由為一個並不出名的宋書銘當「托兒」，並在以後為推行宋的主張而不遺餘力。所以說，視而不見或不予承認是不行的。

爭論歸爭論，廣大實踐者不是沒有鑑別力的傻瓜。所以，我以為以宋氏太極拳為代表的眾多的源流有序、另有出處的諸家太極拳，還是應實事求是地正視為好，不能因「太極拳起源地掛牌陳家溝」而終結或停滯不前。而且，隨著研究的深入，認識會不斷的深化、提高和更新，從而產生質的飛躍。

一、據《宋氏太極功源流支派論》宋遠橋記：

「自余而上溯，始得太極之功者，授自唐代於歡子許宣平。至余十四代」。

「所傳太極功之拳名三世七。因三十七式而名之。又

名長拳者，所云滔滔無間也。總名太極拳三十七式」。

「俞氏太極功，名曰先天拳，亦名長拳。得唐李道子所傳」。

「緣余游江南涇縣訪俞家，方知俞家先天拳亦如余之三十七式。太極之別名也。俞家太極功係唐時李道子所傳」。

「蓮舟與余常與張松溪、張翠山、殷利亨、莫谷聲相往還。後余七人再往武當山拜李祖師未遇，於太和山玉虛宮見玉虛子張三豐。三豐蓋張松溪、張翠山師也。洪武初即在此山修練。余七人在山拜求請益者月餘而歸。松溪翠山拳名十三式。亦太極功之別名也。」

宋書銘約生於 1840 年，清末文人，拳技絕倫，他練的太極拳取「人有三世（即天前、地後、人今三世），拳分七品（即門外、入門、階及、當堂、入室、開竅、神化七個層次）」之意，名曰「三世七」。因由三十七個拳勢組成，又稱「三十七勢」。

民國初年（1912 年），許禹生（33 歲）偕同武術界享有盛名的紀子修（67 歲）、吳鑑泉（42 歲）、劉恩綬、劉彩臣、姜殿臣等，與古稀之年的宋書銘（72 歲）相會切磋拳技，「皆隨其所指而跌，奔騰其腕下，莫能自持。其最妙者，宋氏一舉手，輒順其腕與肩，擲至後方尋丈以外（引自王新午著《太極拳闡宗》）」，獲得慘敗，遂被折服，欽佩之至，磕頭請為弟子。同時，說明宋的太極拳技不是從楊露禪那裡學來的（楊氏父子也不承認有宋書銘這個弟子），是出自家傳。

宋書銘太極拳技高深莫測，技折武術名家的真實事

件，至今傳頌武林，為習武人所樂道。

二、吳圖南先生在《太極拳之研究》一書中講：

「北京的白雲觀，張三豐曾在那裡住過。民國初年，我到白雲觀遇見一個道士名叫胡玉璽，當時他在北京教太極拳。我問他由什麼地方學來的，他說：『自明朝以後，我們這個觀裡就經常以此為功課，除去演禮、奏樂、唸經之外，拿太極拳作為運動的方法。』他也重複地講：『欲大成者化功也，欲小成者武事也。』他還解釋說：『太極拳是備而不用的，不是拿它去提倡宗教，道教是以長壽為主的。』」

上世紀九十年代初，北京白雲觀安聲運道長稱此為原始太極拳，屬道家拳術。歷代道長視其為珍寶，秘不外傳。他是道家清微派第十五代「志」字輩傳人，時已近九十高齡。他自幼從師白雲觀崔理真道長，後又從學高虎臣道長。經二位大師的教誨，安道長數十年如一日，勤學修練，繼承了道家太極拳的真諦和絕技，為不使之失傳，安道長願將原始太極拳貢獻出來。

該拳內容豐富，結構嚴謹，重在實用。走架開合蓄發，外導內引，練到一定火候，則可築基成真，內氣循任督二脈周天運行。除拳法外，還有太極針、如意、呂祖純陽劍、盤龍棍、太極八卦反手鉤等等。拳械俱備，風格獨特。

此拳相傳軒轅皇帝根據蛇鵲相鬥所創，拳譜記載：

「皇帝偶行於坡前，看見蛇鵲相鬥緊相連。鵲攻尾，首來救；鵲攻首，尾相連；鵲攻中，首尾援。皇帝見到非

偶然，從此留下太極拳。」

　　後經張三豐真人及其他道長精心提煉，按飛禽走獸動靜形態，把技擊、養生熔於一爐，形成獨特的道家拳法。共分動靜快慢四部分。

　　三、吳圖南先生在同一書中，接著又講道：

　　「我曾到西安、寶雞進行過調查走訪。那時候，許多老百姓的傳說和文人墨客的談論，都提到張三豐。之後有個西安人叫王宗的，號宗岳，是個讀書人，喜歡遊山玩水。他到寶雞金台觀跟一位道士學的太極拳。這位道士就是張三豐的徒弟。」

　　故有些記載說：「三豐之後有王宗者。我到過寶雞幾次，看到那裡的道士還會練，但由什麼時候，又由哪位道士傳給王宗岳，因為道觀裡沒有記載可查，至今仍是個空白，有待今後研究考證了。但確信王宗岳是一位博覽古今的飽學之士，而且對張三豐流傳下來的太極拳練得很好。」

　　呂樹發先生畢生酷愛武術，自 1984 年起，多年從事陝西武術挖掘整理工作，又長期工作、生活在寶雞。故從他本人掌握的有關史料和瞭解的情況，在《武當》2009年第 3 期上發表了專文《從張三豐在寶雞的蹤跡看其與太極拳的關係》。他認為，「寶雞乃張三豐的第二故鄉」，「張三豐創太極拳史有佐證」。從寶雞的史料得知，張三豐曾於 1281 年至 1293 年（元世祖至元十八年至三十年）在隴縣龍門洞修練，並留詩數篇──「長劍一杯酒，禹樓萬里心」就是其中一句。

坐落在寶雞市區北坡的金台觀，係張三豐的第一修練道觀。此觀建於元末明初，大約應在 1330 年至 1340 年。《陝西通志》載，永樂間，三豐遇青少年時期的生員張恪（1414 年明代解元）於周公廟（岐山縣）朝陽洞。由此可知，此時張三豐肯定在寶雞地區。還有，史載張三豐曾在寶雞的磨性山、釣魚台，扶鳳的景福宮，岐山的五丈原等處也留有足跡。這樣可以推斷張三豐自 1281 年至 1400 年，常在寶雞地區活動，歷時百餘年。儘管張三豐乃雲遊道人，四海為家，但可以看出他的大半生活躍在寶雞這塊熱土，難怪不少史志稱「張三豐為寶雞人」。就連明天順六年（1463 年）立石，現存於寶雞金台觀的張三豐遺跡記石碑也稱「真仙陝西寶雞人」。可以說，寶雞是張三豐的第二故鄉。

　　張三豐乃道家的前輩，史無爭議。道家所煉的內丹，也就是吐納術、導引術，其意在修練健身長壽之法。從寶雞隴縣龍門洞張三豐的留詩「長劍一杯酒，禹樓萬里心」可以看出，他是會武功的。龍門洞係道教全真派創始人邱處機修練的道觀。現存於龍門洞的一個直徑約 40 公分，重約 40 公斤的石球，據考係邱處機、張三豐當年練功的用具。金台觀三孔練功洞及石碑，也反映出張三豐是習練武功的。

　　其中，以萬曆三十九年（1611），知縣朱炳然刻石詩云：「寶雞金台觀乃張三豐修真處，三豐九節杖、混元衣在焉。尋真何處覓層城，觀起金台接太清。鳩杖尚留九節在，霞衣猶見五銖輕。閒目野鶴亦自適，流水桃花空復情。歌罷懷仙一長嘯，昔陽紅照萬山明。」

另有一碑為范宗鎮《仙師張三豐洞》題詠「九節蒼藤杖還在」之句。這些器具充分說明他是習練武功的。記石碑載：「見真仙之行，足不履地，時人已異之。」在周公廟朝陽洞，生員張恪見三豐出行踏雪無痕等，足顯武術練家臥如弓、坐如鐘、行如風的風采。

四、《武當》雜誌 2003 年第 8 期發表了由華玄子傳授、任趙恩整理、武啟明繪圖的《先天太極拳》一文，認為先天太極拳源於老子，不過當時沒有「太極拳」這個名稱，「太極拳」的名稱是後人所定。老子《道德經》的「無為而無不為，柔弱勝強，以天下之至柔馳騁天下之至堅」的思想，是太極拳的指導思想，是太極拳心法之綱領。老子創立太極拳，後傳關尹喜，關尹喜傳列子，列子傳莊子，以後代有傳人。

顯名者有魏晉南北朝時期的葛洪、陶弘景，唐宋時的許宣平、李道子、呂洞賓、陳摶等。元明時期，張三豐老祖將太極拳集大成而發揚光大，開創武當派，此後太極拳漸漸普及開來，產生眾多流派。

五、1985 年，武當山發現嫡傳張三豐太極拳，傳出者為武當山在廟道人朱誠德。朱是龍門派第二十四代，河南密縣人，清光緒二十四年（1898 年）生，時年 87 歲。朱之師金宗成，龍門二十三代，湖北房縣人，清光緒甲申十年（1884 年）生，1948 年羽化。

朱之師爺王理陽，龍門第二十二代，山東人，清嘉靖辛未十六年（1811 年）生，1943 年羽化。王理陽之師為

呂至正。並附有張三豐式太極拳照。

六、北京吳鑫泉老先生演練的京都獨一無二的武當派太極拳術。他的太極拳、太極劍和太極刀別具風格。吳老家境貧寒，自幼體弱多病。29歲時在濟南遊千佛山，在法源寺巧遇拳術高超的老道蘇真人，便多方懇求執弟子禮。蘇真人見他求學心誠，就同意了。從師以後，吳老學會了武當派太極拳小架子一〇八式、八方太極拳門四式、龍鳳太極劍八十二式及八步轉環太極刀六十五式。

《精武》雜誌1989年第6期，發表了吳鑫泉示範、張凱整理的《武當太極實戰對練》，以圖文並茂的形式，較為翔實地展示了這一太極拳的風格與特點。

七、《武魂》1986年第4期發表有崇秀珍等撰寫的《稀世秘傳內家拳法武當太極》一文。其編前語寫道：「武當太極，又稱張氏太極，相傳為張三豐所創。……北京崇文煥先生習此拳悟悉較深。」

八、玄門太極拳，有位四川峨嵋山老者東遊寧波，在梅山傳授，由浙江已故陳偉良所傳。

九、《少林與太極》2000年第5期和《武魂》雜誌2007年第11期，均發表過由陽玄真人示演遲君子、寧秋離等撰文的《玄門太極拳》情況。其中講，武當山道教玄門太極拳係武當山祖師張三豐和歷代先師在道教內秘傳玄門之功夫，是1948年湖北襄陽解放時，在谷城縣由陽玄

大師之父彭興正（外號「一條」）親自傳授。曾歷經 11 年苦尋，天道酬勤，終於在古襄陽（今襄樊市）找到武當玄門一條道長的獨生女兒彭玉芳老人。自此，歷史悠久，古色古香、原汁原味的「武當太極 118 品」，在塵封半個多世紀後，終於掀起了她神祕的蓋頭。

一條道長是武當玄門第十一代掌門，師法武當山玄門第十代傳人牛怪種。上世紀五十年代，因當時有關部門的某些規定還俗，落腳於襄陽府米公祠（宋代大書法家米芾故里）附近，1970 年仙逝。一條道長的女兒彭玉芳老太，道號陽玄。她的母親一正道長原在四川峨嵋出家，還俗後回到襄陽府，仙逝時高齡 98 歲。

作者遲君子和寧秋離曾拜師一正大師學藝，一正大師仙逝後，又追隨陽玄師父多年，曾在《少林與太極》雜誌連載介紹襄樊的武當玄門太極拳。彭玉芳老人，時年 75 歲，養生得法，精神矍鑠，面色紅潤，現任襄樊老年大學武當太極教師。她在古稀之年，深明大義，破除門規，將世代秘不外傳的家傳玄門絕藝披露於世。

十、《精武》雜誌 2003 年第 8 期和 2004 年第 9 期均發表過由武華彥撰文、張熙耕演練的「終南山太極拳」的情況，說終南山太極拳，全稱終南山返還太極拳。相傳它起源於陝西終南山。終南山屬秦嶺支脈，在陝西省西安市附近，有許多道教勝地，歷代的道士和隱者在此研習太極術（太極拳的前身）。

元朝的道士「火龍真人」賈得升是終南山返還太極拳的始祖。元末明初的道士張三豐向「火龍真人」學習了道

家拳法，又進行提煉昇華，在武當山創編了獨特的拳技功法，成為終南山返還太極拳南派鼻祖。

此拳又經各代道長逐步擴充，形成一套完整的修練體系，成為道家太極拳的主要代表之一。為了紀念道教中興之主張三豐，後人就將此拳正式定名為「武當三豐原式太極拳」。該拳具有先天返後天的功能，因此而得名。此拳分為南北兩派。北派鼻祖高虎臣，曾任清末慈禧時期的宮廷侍衛，後人終南山修道，號稱紫霞真人。

「紫霞真人」高仙原名高虎臣（1816—1952 年），陝西西安人氏。是清末民初武林中的傳奇人物。他在故鄉學會終南山返還太極拳後，走南闖北，技藝大增，清末曾任宮廷侍衛。八國聯軍攻打京城的時候，高虎臣重歸江湖，成為雲遊道士，將終南山返還太極拳傳至北方。

1911 年初，他在東北軍將領許蘭洲的家中結識了八極拳名師李書文，二人成為好友。

1927 年，他在天津將霍殿閣、霍慶雲引薦給溥儀，為八極拳在東北的廣泛傳播起了「搭橋」的作用。為了將終南山返還太極拳和醫藥知識傳下去，有個最佳繼承人，1901 年，高虎臣在遼寧的醫巫閭山收 14 歲的張道成為道童，讓張道成長期隨侍自己學藝。1949 年新中國成立後，張道成（1887—1987 年）的家鄉在遼寧省新民縣。他精明能幹，很得高道長的歡心，因此學到了終南山返還太極拳的全部功法。張道成往來於醫巫閭山、千山、嶗山、太清宮等地，在瀋陽收張熙耕為關門弟子，傳給他全部武功、藥功和丹功。

道教太極拳的歷史源遠流長，傳人之間大多口傳身

授。其基本動作有單操手、對練手、推手（揉手）、十三式、四十八法秘技、一百單八式、劈太極、太極神撲及各類長短軟硬器械套路，輔助練習有開弓、劈板、叨球、靠樁等。另外，還有丹功修練和藥功調理等秘法。本拳所含功法適合不同年齡和層次的人練習，具有護身、健身和修身的作用。

十一、杭州西湖區葛嶺抱朴道院孔雲鵬在《武當》雜誌 1993 年第 1 期上發表了「玄門稀世秘傳八卦太極拳」，講杭州抱朴道院寮房王誠顯道長專擅斯技。

十二、據北京體院出版社 1991 年版郝心蓮編著《中華武術實用百科》308 頁載：

霍氏太極拳，相傳為清初順治年間，一姓霍的老道（佚名）所傳。因拳式和風格特點與太極拳不同，後來便稱為「霍氏太極拳」。由河北省南宮縣人氏侯永祥（現在太原市郵電醫院工作）自幼跟其舅父學霍氏太極拳至今。該拳架式短小，動作緊湊，快速有力，以剛濟柔，剛柔相濟，技擊性強，並結合氣功和利用氣力合一的原理，形於外力，長於內勁，以小勝大，以柔克剛。

此外，還有霍氏太極氣功、靜功、動功等功法。練功要訣為氣沉丹田、沉肩墜肘、虛領頂勁、斂神聚氣、用意不用力等。

十三、流傳於邯鄲東部的魏縣、廣平、曲周和雞澤縣的「顧式太極拳」（也有稱盧式的）。經多方考證，此拳

為清初游道顧殿一所傳，顧氏傳拳於魏縣小戶村劉丙，劉丙傳鄰村楊老鳳，楊老鳳傳廣平縣盧董村陳華，陳華傳東村盧鳴金，盧鳴金的主要傳人是曲周縣白寨村張奇，張奇傳子張明芹（是為第七代），繼承張明芹衣缽者為曲周縣霍橋鄉張廠村的張斌，張斌傳雞澤縣雙塔鎮的劉登信（此傳承關係採自劉登信所著《武當顧式太極》一書）。此外盧式太極還有家族傳人至今。

十四、在浙江省流行的還有神功太極（32 歌）、太極八式（八勢）、龍雲剛柔太極拳（一路 48 歌訣、二路 52 歌訣）、十三式太極拳（即十三個勢名）、網式氣功太極拳（95 勢）、三十六式太極拳、五行太極拳（48 勢）等等。

十五、《武當》雜誌 2005 年第 10 期發表了王小龍「武當龍門太極拳譜」一文，文章說龍門太極拳又名子午太極拳，教內稱之為傅拳。是一個源出於道家的古老太極拳套路，據傳為明末清初道家龍門派第六代傳人傅山先生所創。

傅山，字青主，別號僑黃，山西省陽曲縣人。生於明萬曆三十四年，卒於清康熙二十三年，世壽七十九歲，是明末清初著名的學者和反清志士。

傅山自幼好學，博覽群書，工於詩文，擅長書畫，精通醫學，在內功和武術方面也有極深的造詣，可謂是博學多藝，文武全才。明亡以後，傅山隱跡道門，拜山西省壽陽縣五峰山龍池觀道士「還陽真人」郭靜中為師學道，是

道家龍門派第十六代「真」字輩弟子，道名「真山」，號
「朱衣道人」。

交遊同道，足遍大江南北，名為訪師求道，實是依道
柄身，聯絡志士，為反清復明大業而奔波。傳拳則是其隱
跡道門時，以道門流傳的太極拳功為基礎，博採眾家之
長，融會丹道而創立的卓然自成一體的內功拳種。

十六、《武魂》1987 年第 5 期載陳其義整理《武當太
極拳古傳歌訣》（裴錫榮《武當武功》一書亦有載，並有
武當太極拳八路，計一百零八式歌訣和圖解）。該拳譜為
武當派名師黃百家和武當道總徐本善所傳。其武當太極古
傳總歌曰：武當拳，有淵源，武當道士傳在前，張松溪、
黃百家、武當道總徐本善，九宮先（九宮八卦掌），修道
傳藝武當山，尊道藏，立真傳，黃庭真髓是為先。武當
山，有嫡傳，首稱武當內家拳。向丙丁（南方），背壬癸
（北方），水火相濟煉真元。太極拳，式十三。掤捋擠採
挒，左顧右盼肘靠伴。中定體，基礎天，十三總式太極
拳。

裴錫榮在其著《武當太極拳與盤手 20 法》之「武當
太極拳之淵源」中講到：

徐本善（1860～1932 年）號偉樵，武當道總。清光緒
皇帝封其為「乾乙真人」。徐本善武藝高強，精通武當拳
種，繼承了張三豐的「八門五手十三勢太極拳」和「武當
盤手法」及「武當劍法」等拳械。

1929 年杭州全國擂台賽時，中央國術館副館長李景
林派副裁判長傅劍秋去武當山調查考證。當時我作為傅劍

秋的門徒一同前往武當山。一路上披荊斬棘，遇匪交鋒，歷盡艱辛，到了武當山紫霄宮，受到徐本善道總熱情禮待。徐道總與傅劍秋老師談經論武，相談甚歡，二人以武會友方式，作了武藝交流，最後，傅劍秋老師拜在徐道總門下學習了武當太極拳和劍法以及盤手法等拳械。

傅劍秋老師向徐道總詢及「八門」「五手」「十三勢」的涵義時，徐道總告以八門為八卦的乾、坎、艮、震、巽、離、坤、兌。五手為金、水、木、火、土。十三勢為掤、捋、擠、按、採、挒、肘、靠、左顧、右盼、中定及前進、後退。所謂「八門」，即練拳時走八卦的八門方向；「五手」是練功時手法上表現五行金、水、木、火、土。在徐道總協助下，我們翻閱了武當山收藏的《雲水集》載有：「八門五手雲龍手，身背寶劍唱道歌；歸隱岩下修道業，太極陰陽奧無邊。」

我們在武當山學習武當拳械及調查考證後，帶回來一些資料，除交李景林副館長外，尚留有少數資料保存至今。當時，李景林副館長召集了楊澄甫、孫祿堂、杜心武、劉百川、高振東、黃文叔、褚桂亭、王薌齋、張兆東等武術名家作了研究，把該「武當拳」命名為「武當太極拳」。研究後拍了集體團體照片保存至今。當時，各派「太極拳」風行全國，而「武當太極拳」還是新的發現，人們對它的認識也不夠成熟，所以未能得到廣泛傳播。

十七、《武當》1986 年 2 期載有《萬籟聲演練張三豐原式太極拳圖解》。萬籟聲先生介紹說：在 1982 年 12月 10 日下午，國家體委舉行「全國武術工作會議」，

請到會武術同仁，作武術觀摩表演，我除表演了武當少林拳外，又表演了武當正宗的張三豐太極拳。我固非太極本門，可是這所謂太極的老架子，到是落在我的手上。經過這次表演，人們才看到原來張式太極拳的一條老根，還在人間。此原本的張式太極，傳人河北滄州六合門的劉德寬，劉傳趙鑫洲，趙傳於我。萬老還特留詞一首。詞曰：

「武當武術數三豐，當之不愧是武宗；徽宗之時常出現，顯於元末又明初；說來二百五六十，這個歲數不為多；劉師爺爺與同年，修真之人天長久；煉精化炁是科學，無人指訣言馬腫；少見多怪說無人，偌大武當太和宮；千秋萬代變不了，勸爾小輩少嘁嗦。」

十八、武當金蟬派猶龍太極拳，又名隱仙羽化猶龍嫡派太極拳、七星太極拳。是武當拳的流派之一，亦叫龍形太極拳。

據傳，該拳是武當山道士張三豐根據易經太極陰陽變化的理論，觀看蛇鵲之戰之後，以蛇纏鵲啄開合之機，蛇行鵲輾轉飛騰之意，而悟出此拳。

清光緒年間，武當山道人裴遠臣（道號元辰）傳清端王府司新三，司傳外甥張振之（1894—1970 年）。張在東北瀋陽期間，被當地武術界老前輩曲朝祿、吳寶昌所發現。張傳張鴻逵、閻行莊、曲朝祿、周文濤、王逸樵、熊春懋。1984 年 5 月在天津傳統武術表演賽中，王逸樵作為特邀代表，在大會上表演了該拳的一部分，這是該拳首次在公開場合露面。

該派不提倡太極推手的訓練過程。張振之先生則反對

推手的練習，一生中沒有練習過推手。該拳動手交戰時，出手不見手，拳到身要擁，動之不見其形，迎之不見其首，隨之不見其後。大無外，小無內，一鋼不折，其銳無比，其轉無間，見隙而入。平常練功時，老師注重拆拳餵招、引手領招之練習。要求彼發我接，我發彼接，待懂勁之後，設假象假招引手領招。練之純熟，即無一定招式，無形無象，全體透空。完全是隨機應變，順其自然。

動手交戰時，心意氣力四者無可缺一。心到則意到，意到則氣到，氣到則力到。一動全動，一發全發，周身一家。靜如處女，形如捕鼠之貓，行之猛虎下山，動之雷鳴閃電。行門踩步，走奇踏中。發手放勁如角弓反張，噢手管步如磁石吸鐵，一抬即纏，一發即彈。出手見紅，一抬手見高低。

十九、1933 年版陳鑫《陳氏太極拳圖說》載：「杜育萬述蔣發受山西師傳歌訣」曰：筋骨要鬆，皮毛要攻，節節貫串，虛靈在中。舉步輕靈神內斂，莫教斷續一氣研，左宜右有虛實處，意上寓下後天還。

二十、《少林與太極》雜誌 2005 年第 11 期發表了游明生、趙蓉二位先生的「武當秘傳松溪太極拳」一文。文中講，松溪太極拳又稱武當南派太極拳，它是一種十分古老的內家拳術，是明代技擊高手張松溪及其傳人在繼承武當內家拳的基礎上，吸收了長江流域僧、岳、杜、趙、洪、慧、智、化八門精華編創而成的一種風格十分獨特的內家拳術。其動作古樸無華，技擊性極強，打中有拿，拿

中有跌，一招一勢極重攻防。

二十一、《武當》1987 年第一期載有劉會峙先生《武當趙堡太極拳的源流及特點》一文，其中述及趙堡太極一支傳遞關係是，張三豐──王宗岳──蔣發──邢喜懷──張初臣──陳敬伯──張宗禹──張彥──張應昌──張汶──張金梅──張敬之──侯春秀──劉會峙等，至此共為十四代。

二十二、武當嫡傳金蟾派太極功，為清朝光緒年間由甘鳳池之曾孫甘淡然（字需霖）傳給李瑞東，亦是內家拳中內容豐富的一派武當太極拳。

二十三、《武當》1992 年第 4 期發表了雲海仙先生的《武當太極拳一代宗師梁小天》一文。其講梁師小天（1893─1969 年），名兆瑛，字煥如，號小天。祖居山西，後遷北京，繼而定居天津，早年畢業於北京高等實業學府。梁師自幼喜愛武功和書畫。「武當正宗太極拳」為梁氏世代家傳（經王宗岳先師傳至西北），梁師小天為第四代傳人。梁家之拳及其太極推手風格與今各家截然不同，其健身與攻防訣秘有獨到之處。另有「太極樁」和十三式單練套路，器械有武當太極劍、刀、槍、棍等，梁師盡承真傳。

1953 年，國家興修大夥房水庫，梁小天被中央水利部派往撫順，任顧問工程師。在撫順利用公園闊地首先開展起群眾性太極拳活動，先後有武術愛好者十數人投拜門

下學文習武。

自 1957 年到十年動亂前的歷次省市武術比賽，梁師多次被聘為太極拳裁判長、副總裁判長或總裁判長（年逾古稀參與仲裁，少有先例）。1959 年，撫順市成立「武術協會」，被市體委聘為副主席。

梁小天早年在天津與周恩來相識。抗戰時期，曾以自己的身世，掩護和協助敵後工作人員，並透過他們把自己的獨生子梁方送往延安抗大投身革命。

梁師於「十年動亂」遭不幸。傳文授武被視為「反革命活動」。紅衛兵抄家，抄出收藏的書畫文物，和周恩來、劉少奇、傅作義的書信。其中，劉少奇的信竟成了致命的「罪證」受盡屈辱。盛怒之下，臥病難支，於 1969 年 12 月離開人世，終年 76 歲。

附梁師小天早年所談太極拳的傳與失考歷史之傳頌：

「太極拳始創於老子，闡發太極拳之玄微與精妙，以為修身養性之本源，由武而術，由術而道，以達其長生，經歷有年，漸漸遺失斯拳之原質，或斷或續，走入旁門者甚多。至北宋徽宗時，有張三豐法師者，悲太極拳之遺失，堅志欲分宗抒理，廣集遺傳，截偽續真，拾整補漏，智感靈通，參悟開發，豁然精純，得其訣秘，總其大成，足跡四海，理解真偽，以傳後世，我民族之健康有所斯救也。」

二十四、柳州《南國今報》2006 年 10 月 9 日報導有《玉門道家太極拳簡介》，說民間秘傳玉門道家太極拳係道家秘傳拳法，歷代於道家單線承傳，幸有清末民初俗家

道人玉恆寶前輩有緣得以承傳此技，才使這一寶貴遺產至今仍能完整保存下來。

據傳，此拳是張三豐原傳太極十三勢派生出來的一個支派，與現今社會上傳的各式太極拳有所區別。在招式練法和要領內涵上保留著古拳風貌，勁力剛柔相濟，綿裡藏針，勢有章法，形有意境，動態優美，力感傳神。本拳內煉丹田，外練五弓，拳功一體，注重實戰，分三層進境，四種練法。精熟後，八勁飽滿，彈抖爆發，勁烈剛猛，擊人可穿透筋骨，傷及五臟。演練時形神俱備，陰陽相融，身舒神安，體現出「大練如龍纏，小練如蛇行，靜練如蠕動，快練如雷霆」的獨特風格和內蘊。

二十五、《武當》雜誌 2000 年第 2 期發表了由段智明傳授，雷勇、鄒帆整理的《崑崙太極拳》一文。據該文講，崑崙太極拳，傳說是由武當山張三豐所創。崑崙太極在近代的承傳中，由於複雜原因，各代傳人也未向後人告知張三豐以後歷代傳人的情況，故也無什麼依據可證實崑崙太極就是張三豐直接所傳之太極。或許只是張三豐門下弟子所創，言祖不言師，就歸在張三豐太極拳體系中而已。總之，此門真實的源頭尚待考證。

據其師鐘建華告知，崑崙太極拳最早由新疆傳到上海。在新疆烏魯木齊有一位叫堤克魯·呼圖克圖的紅教大活佛，大約在上世紀 20 年代雲遊至上海，與北洋軍閥吳佩孚的貼甲護衛智立禪師相遇（智立禪師當時還未出家當和尚，俗名叫王智立），二人以武會友結成相知，活佛遂將密傳的崑崙太極拳傳授給了智立禪師。

1930 年，智立禪師由上海到江蘇無錫，將崑崙太極拳傳授給結義兄弟吳佩孚的又一貼甲護衛江正南和我師鐘建華（我師鐘建華，又名鐘德洋）。江正南乃新中國成立前四川奉節國術館長，鐘建華則是重慶國民黨內二警武術教官。

　　二十六、胡紹和先生《武當太極拳概述》一文，介紹有武當三清正道正宗秘傳「三豐太極拳」。

　　根據《武當秘鑑》作者嚴嘉康（1695—1786 年，清朝大臣後裔，為免殺身之禍，曾隱武當山為道）手記整理藏書八冊。其第五冊論拳經拳譜裡記載有祖師張三豐創太極拳三十六式。後歷經三代弟子，武當山南極宮尚寶真人秦峰增為五十四式，五代南極宮天禮真人紀芳譜增為七十四式，六代武當山上清觀智軒真人錢強增為八十八式，七代武當山玉虛宮玄武真人陳敬儒發展為一百零八式（附有拳譜動作名稱）。

　　1929 年，武當山南岩宮豐慧道長楊再新得秘藏武當宗譜和武當秘鑑，身懷絕技，還俗下山，始將武當張三豐太極拳公諸於世。

　　二十七、又有楊春編著，張興洲傳授之《道門秘傳武當張祖太極拳》一書介紹：

　　武當張祖太極拳原屬道門秘練之拳法，是一支直接承傳於武當道門的太極門派。他的傳承情況是，第一代張三豐祖師，第二代邱元靖，劉古泉道人，第三代趙太斌道人，第四代元虛子道人，第五代陳玄月道人，第六代艾蓮

池道人，第七代李鳳祥道人，第八代尚道明道人，第九代顧殿一、陳蔭昌道人，第十代明瞭道人，第十一代徐本善、張鶴亭道人，第十二代張其發、虛無子道人，第十三代張興洲、黃守業居士，第十四代趙峰、楊春等。

二十八、更有陳占奎所著《張三豐太極拳》，道人劉嗣傳所著《武當張三豐太極拳》，以及中國書店版張通述《張三豐太極煉丹秘訣》等書，都有較為翔實的太極拳傳承內容。

二十九、河南博愛縣唐村《李氏家譜》所載之太極拳，由明朝時期的千載寺博公道長李春茂而始，隨之，太極拳便在唐村及李氏家族世代相傳，至今，唐村、趙堡一帶也稱太極軟十三。

三十、據《華山道教》載：張三豐將他的太極拳傳於孫碧雲。孫碧雲為馮翊（今陝西大荔）人，13 歲入華山為道士，明洪武二十七年（1394 年），太祖朱元璋召孫碧雲至南京，住朝天宮，賜衣問「三教優劣」。永樂初，住持武當山南岩宮。明成祖召孫碧雲入京並賜詩，永樂十一年（1412 年），敕授道籙司右正一。孫碧雲致力於弘揚教門，將太極發揚光大。

據有關資料顯示，華山華岳廟西城村孟氏第 56 代後裔孟希宇得自真傳，身懷絕技，將祖傳的「豐盛源」鹽店生意做得格外紅火，遍及三秦，鹽隊由鏢師押運。王小聰就是其中一位著名的鏢師，往來於晉陝之間，在承辦鹽務

採購之餘，將所學太極拳傳於山西鹽行同道。

王小聰，乃華陰西王堡人，少時就在西城子學藝，師從孟貞太，藝成，以鏢師首領押運鹽為生，往來於晉陝之間，將華山太極武術傳播四方，威名遠颺。後改名王宗岳，被奉為「神拳」。其所著《太極拳譜》在清咸豐年間，由時任河南舞陽縣令的武澄清發現，作為太極拳文化的經典概括而享譽天下。

由於王宗岳的引領，鄉人多有尚武之風，於太極拳術亦代有傳人。西王堡流傳至今的「血故事」，充分體現了王宗岳所秉承的尚武精神。

民國時期，其後裔王連芳繼承家傳，為著名鏢師，押鏢而行，走鏢於山東、山西、陝西之間。新中國成立後，王連芳應政府所托，在岳廟中學、華山中學和敷水中學為師生傳授太極拳和推手散打，名重一時。他所說的拳理「長打短，手上軟，短打長，腳上忙」，「高捧低壓，裡鉤外挎」，「手是兩扇門，全憑腳打人」，通俗易懂，實戰性強，深得師生喜愛。

岳西村旁的宗岳廟，相傳為，感謝王孟先輩拳師在武術上的卓越貢獻，其後人立碑紀念，以盡對華山太極武術前賢的虔誠之情。廟內現在仍殘留練拳、格鬥壁畫，可惜功法口訣已不復存。2005 年 4 月，宗岳神廟碑在岳西村發掘出土，該碑為明朝天啟元年所立，鑿鑿有據，太極拳淵源紛說之謎始見端倪。

三十一、除上述諸派太極之外，尚有《少林延壽法》一書所載之「少林綜合太極拳」。

其介紹說，少林太極拳是宋代福仁高僧模仿其他太極門派動作，結合少林心意拳、柔拳、蓮花拳而創編的，與太極拳形態、動作相似的一個拳種。其特點是形柔內含剛，意主而潛力，靜鬆雙兼固。無論老少，體強體弱都可練習少林太極拳，日久能延年益壽。

其練法歌訣頭訣曰：「太極頭上懸，自然須吊頂，下頦向裡收，眼隨全身走，舌捲頂上顎，眉中顏面靜，從容皆自然，口合目微縫，神態仿禪仙，鬆靜力集中。」

身訣曰：「身立穩中正，騰翻腰背功，支上半架山，下重靜中鬆，回轉放兩腿，不可用力繃，身法重腰背，主宰一身靈。」

手訣曰：「少林太極形花手，五枚花瓣任放收，推手意先手後隨，非曲非直掌心空，移身善用十字手，變勢雙手膝上停。用意不用力，拳到似柔風，行動如抽絲，拳落像風影。」

足訣曰：「抬足柔而輕，落腳不響聲，輕身腳為軸，收足活而鬆，足為人之根，穩固中求精。」

步訣曰：「起步節要鬆，邁步如貓行，步步要均勻，輕靈柔而靈，獨腳負重心，虛實要分明。弓步像弓莫費力，擺腳彈腳需要輕。虛步足跟要離地，單岔就像幼貓醒。進退插跳側歇步，移變需求輕鬆靜。」

一路少林太極拳古拳譜曰：「達摩傳下太極拳，一路起落勢如仙。長燈輝煌碧濁洞，招招勢勢似舞演。起勢先使括邊炮，太白金星摘心拳。輕身架雲霧中旋，幼貓上前觀金山。嫦娥挽綢兩側舞，懷抱明月光閃閃。若有妖魔來作怪，心意括邊炮震天。白鶴亮翅柔如棉，十字插手似繞

線。手分上下雞獨立，白馬分鬃瞎扶船。鷂子翻身秀嬋娟，梅鹿臥枕如躺綿。霧中甦醒靜幽幽，雙手散雲垂兩邊。彷彿夢中作一戰，靜中樂極心顏歡。」

動作名稱為：括邊炮，控心掌，轉身頂雲，上步七星，單鞭，懷中抱月，當頭炮，白鶴亮翅，十字手，金雞獨立，白馬分鬃，鷂子翻身，童子抱觀音，左右供佛。

二路少林太極拳譜曰：「二路太極煉身心，仙童進山拜觀音。金砂飛掌旋乾坤，海底撈月掛龍門。白鶴亮翅觀四面，為防山患關鐵門。十字通臂左右打，雄獅張口咬惡人。偶遇猛虎閃單岔，惡虎難傷超藝君。乘機再上七星步，肩挑上鞭向前奔。緊迫白猴把牆上，雙槍一紮猿束身。再施黃忠兩支箭，左右開弓准如神。金剛搗臼擠妖魔，二郎擔山旋乾坤。仙丹雖然醫百病，不及太極練三春。」

動作名稱為：童子拜觀音，金砂飛掌，海底撈月，白鶴亮翅，雙關鐵門，十字通臂，雄獅張口，單岔，大七星，大單鞭，白猿上牆，雙槍手，猿猴束身，雙弓放箭，金剛搗臼，二郎擔山。

《武當》雜誌 2010 年第 10、11、12 期

參見 李萬斌 羅名花著《武當趙堡承架太極拳闡秘》人民體育出版社 2019 年 1 月版

導引養生功

全系列為彩色圖解附教學光碟

張廣德養生著作　　每冊定價350元

疏筋壯骨功　導引保健功　頤身九段錦　九九還童功　舒心平血功

益氣養肺功　養生太極扇　養生太極棒　導引養生形體詩韻　四十九式經絡動功

輕鬆學武術

二十四式太極拳　四十二式太極拳　八十八式太極拳　三十二式太極劍　四十二式太極劍　二十八式木蘭拳

三十八式木蘭扇　四十八式木蘭劍　簡化太極拳　楊式太極拳　陳式太極拳　陳式太極拳

太極劍　太極劍

太極跤

太極防身術　擒拿術　中國式摔角　太極角

彩色圖解太極武術

歡迎至本公司購買書籍

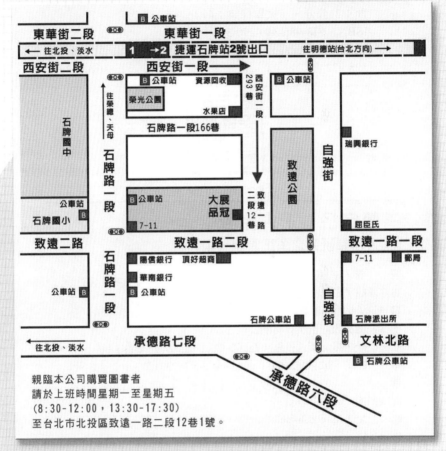

親臨本公司購買圖書者
請於上班時間星期一至星期五
(8:30-12:00，13:30-17:30)
至台北市北投區致遠一路二段12巷1號。

建議路線
1.搭乘捷運
　　淡水信義線石牌站下車，由月台上二號出口出站，二號出口出站後靠右邊，沿著捷運高架往台北方向走(往明德站方向)，其街名為西安街，約80公尺後至西安街一段293巷進入(巷口有一公車站牌，站名為自強街口，勿超過紅綠燈)，再步行約200公尺可達本公司，本公司面對致遠公園。

2.自行開車或騎車
　　由承德路接石牌路，看到陽信銀行右轉，此條即為致遠一路二段，在遇到自強街(紅綠燈)前的巷子左轉，即可看到本公司招牌。

國家圖書館出版品預行編目資料

三豐宗岳　千古流芳：中國傳統太極拳研究之匡正源流〈中〉
／李萬斌、羅名花著.
一初版一臺北市，大展，2020 [民 109.04]
面；21公分一（武學釋典；41）
ISBN　978-986-346-290-3（平裝）
1.太極拳
528.972　　　　　　　　　　　　　　　109001323

三豐宗岳　千古流芳
太極拳研究之匡正源流〈中〉

著　　者／李 萬 斌、羅 名 花
責任編輯／艾 力 克
發 行 人／蔡 森 明
出 版 者／大展出版社有限公司
社　　址／臺北市北投區（石牌）致遠一路 2 段 12 巷 1 號
電　　話／（02）28236031，28236033，28233123
傳　　真／（02）28272069
郵政劃撥／01669551
網　　址／www.dah-jaan.com.tw
E - m a i l／service@dah-jaan.com.tw
登 記 證／局版臺業字第 2171 號
承 印 者／傳興印刷有限公司
裝　　訂／佳昇興業有限公司
排 版 者／菩薩蠻數位文化有限公司
初版 1 刷／2020 年（民 109）4 月

定價／（上）380 元
　　　（中）250 元
　　　（下）500 元

大展好書　好書大展
品嘗好書　冠群可期

大展好書　好書大展
品嘗好書　冠群可期